Inés A

El lirio d

Adaptación didáctica y actividades por **Margarita Barberá Quiles**

Ilustraciones de **Giulia Ghigini**

Redacción: Valeria Franzoni
Diseño y dirección de arte: Nadia Maestri
Maquetación: Veronica Paganin
Búsqueda iconográfica: Laura Lagomarsino

Primera edición: enero de 2010

Créditos fotográficos:
Archivo Cideb ; De Agostini Picture Library: 5; © Philippe Lissac/
Godong/Corbis: 34; Getty Images: 91, 92; Tips images: 37, 93.

Todos los sitios internet señalados han sido verificados en la fecha
de publicación de este libro. El editor no se considera responsable
de los posibles cambios que se hayan podido verificar. Se aconseja a
los profesores que controlen los sitios antes de utilizarlos en clase.

Para cualquier sugerencia o información se puede contactar con la
siguiente dirección:
info@blackcat-cideb.com
blackcat-cideb.com

The Publisher is certified by

in compliance with the UNI EN ISO 9001:2000
standards for the activities of 'Design, production,
distribution and sale of publishing products.'
(certificate no. 04.953)

ISBN 978-88-530-1036-0 libro + CD

Impreso en Italia por Italgrafica, Novara

Índice

 Texto integralmente grabado.

 Este símbolo indica las actividades de audición.

 Este símbolo indica las actividades de preparación al DELE.

Navarra

La comunidad autónoma de Navarra se encuentra en el norte de España, extendiéndose desde el Pirineo, que limita al norte con Francia y al este con Aragón, hasta la Ribera regada por el río Ebro y presidida por la ciudad de Tudela y al oeste con el País Vasco.

Navarra presenta dos aspectos totalmente diferenciados: el norte montañoso se cubre de praderas y bosques, mientras que el sur es llano y se cultiva.

Al oeste de Roncesvalles, el paisaje es semejante al del País Vasco. En los valles alternan las praderas y el maíz. Los pueblos se difunden a lo largo de los ríos con sus caseríos de fachadas blanqueadas, esquinas y cercados de piedra y tejados rojos.

Navarra es el territorio de los vascones, cuya independencia causó múltiples problemas a los invasores romanos y visigodos y que, ante la fuerza de la invasión árabe, tuvieron que replegarse hacia Vascongadas y la Gascuña francesa. Sin embargo la monarquía navarra se mostró muy fuerte desde el comienzo y afirmó su independencia frente a los francos.

En el siglo VIII los árabes ocuparon su capital, Pamplona, pero fueron expulsados rápidamente con la ayuda de Carlomagno, que pretendiendo apoderarse de Navarra, destruyó las murallas de la ciudad. Los navarros se vengaron aplastando la retaguardia francesa en el desfiladero de Roncesvalles.

Pamplona es de origen romano. Se atribuye su fundación a Pompeyo. Es la mayor ciudad pirenaica y conserva su aspecto medieval en torno a la catedral. La ciudad moderna ha crecido hacia el sur con amplias avenidas, parques y jardines y es sede de una importante universidad privada.

La Plaza de San Francisco en el centro de Pamplona.

Otra ciudad digna de mención es Estella, llamada «Estella la bella» por los peregrinos medievales que venían a orar ante la Virgen del Puy. Muchas de sus nobles fachadas recuerdan su afortunado pasado, ya que fue capital del reino de Navarra en el siglo XII. Pero la mayoría de sus valiosos monumentos se construyeron gracias a la peregrinación de Santiago en cuyo camino Estella era una etapa importantísima. Por eso posee numerosos tesoros artísticos como la iglesia de San Pedro de la Rúa, el Palacio de los Reyes de Navarra, la Casa de Cultura Fray Diego de Estella etc.

Otros lugares interesantes de la comarca son el Monasterio de Iratxe, el de Irantzu, el Valle de Allín y el puerto de Urbasa, entre otros muchos rincones cargados de encanto.

El Pirineo navarro es un conjunto de valles más altos y agrestes en la zona que limita con Aragón y que, a medida que se acercan al mar, ofrecen un aspecto mucho más suave. Los Pirineos navarros están abundantemente regados por las lluvias cantábricas.

Iglesia de San Pedro de la Rúa, Estella.

Al este de Roncesvalles, los valles son muy encajados y el paisaje más salvaje es semejante al de la provincia aragonesa de Huesca. Además el entorno acusa la severidad climática: tejados de pizarra muy inclinados y muros de piedra. Los bosques son también numerosos predominando el haya en las vertientes altas. El mejor ejemplo es la Selva de Irati, que constituye el mayor bosque de Navarra y continúa por la vertiente francesa.

El Valle de Roncal, situado en la parte oriental del Pirineo navarro, destaca por sus paisajes de alta montaña y sus poblaciones que todavía conservan un típico encanto rural.

Al sur, tenemos una serie de sierras calcáreas que marcan la transición entre el Pirineo y la cuenca del Ebro, con ásperas vertientes pedregosas en las que los ríos han excavado su curso. En la vertiente, más húmeda, se encuentran bosques de encinas, robles y pinos. Al sur de estas montañas, la peregrinación hacia Santiago de Compostela ha dejado, a lo largo del camino, valiosos testimonios artísticos.

Comprensión lectora

1 **Marca con una X la respuesta correcta.**

		V	F
1	Navarra se encuentra en el norte de España.	☐	☐
2	En el siglo V los árabes ocuparon Pamplona.	☐	☐
3	Pamplona fue fundada por los Romanos.	☐	☐
4	Estella fue capital de Navarra en el siglo XI.	☐	☐
5	Por Navarra transcurre el Camino de Santiago.	☐	☐
6	En el Pirineo navarro llueve poco.	☐	☐
7	Las casas navarras son de piedra.	☐	☐
8	La selva de Irati se extiende por Francia.	☐	☐

Personajes

De izquierda a derecha, en primera fila: **Jorge**, **Nerea**, **Arturo**, **comisario Sanchís**, **Santiago Tamarit**, **Gómez**.
En segunda fila: **Guillermo**, **Amaya**, **Alberto**, **Felipe Hernández**, **Virginia Hernández**,

CAPÍTULO 1

El robo

¡Estamos en primavera! El mes de mayo se acerca y Amaya
Salvatierra empieza a pensar en los preparativos de su
cumpleaños.

Como todos los años, se dirige a *El lirio de los valles* [1], la casa
solariega que posee en Lekunberri, en Navarra.

El lirio de los valles es una magnífica residencia del siglo XVIII
que pertenece a su familia.

A Amaya le gusta pasar temporadas allí, pasear por el bosque y
buscar muguet [2], una flor que le encanta, escasa en España, y que
crece en ciertas zonas del Pirineo. ¡Son tan agradables esos
paseos, después del invierno de Madrid! Amaya se ocupa también
del jardín que adorna cada año con plantas nuevas y flores
insólitas y además conoce las propiedades de cada una de esas
plantas: es ella quien se ocupa de hacerlas secar para preparar
excelentes infusiones. Tomillo, romero, manzanilla, estragón,
melisa... ¡ninguna planta tiene secretos para ella! Amaya posee

---

1. **lirio de los valles**: otro nombre del muguet.
2. **muguet**: término más común con que se define el muguete.

incluso un pequeño huerto donde cultiva, entre otras cosas, frambuesas, su fruta preferida.

Todavía falta una semana para su cumpleaños, pero Amaya quiere que todo esté perfecto: desde la decoración hasta la preparación del menú. Normalmente es ella quien se ocupa de confeccionar el menú, pues es una excelente cocinera. También es una perfecta anfitriona: sus invitados siempre son muy bien acogidos. Esta buena convivencia le recuerda su infancia, cuando su abuelo reunía a toda la familia y organizaba grandes fiestas. Desgraciadamente, durante estos últimos años, las ocasiones de celebrar fiestas en familia han sido escasas: las relaciones se han deteriorado, pero Amaya no ha renunciado nunca a la «cita» del mes de mayo.

El viaje Madrid-Lekunberri ha ido bien. Perdida entre sus pensamientos, Amaya admira los paisajes apacibles de Navarra que le resultan tan familiares.

A su llegada a la propiedad, Jorge, el guarda, sale a recibirla:

—Buenos días señora y ¡bienvenida a El lirio de los valles! —le dice.

Jorge tiene el aspecto más bien preocupado, pero Amaya no se da cuenta de nada... ¡Está tan contenta de encontrarse por fin en Lekunberri!

—Gracias, Jorge. ¡Qué sol! ¡Qué tranquilidad! ¡Es el paraíso! ¡Estaba impaciente por llegar! —exclama.

—Señora, tengo que darle una mala noticia: ha habido un robo esta noche y...

—¿Un robo? ¿Estás de broma?

—Por desgracia, no. Parece ser que el sistema de alarma no ha funcionado, y los perros estaban dormidos. Yo me encontraba en mi habitación y no he oído nada. Lo siento mucho... Esta mañana, he encontrado la ventana de la cocina abierta y el cristal roto. Enseguida he pensado en un robo, entonces me he dirigido precipitadamente al salón y he visto que faltaban los objetos de plata....

—¡No es posible! ¿Has llamado a la policía?

—Sí, señora, he llamado inmediatamente: dos agentes han venido temprano esta mañana...

—¿Y qué han dicho?

—Han dicho que debería pasar por la comisaría para poner una denuncia, querían saber si tiene la casa asegurada....

—¡Por supuesto que la tengo asegurada! Me imagino que tendré que hacer un inventario de todo lo que ha sido robado. ¿Falta algo más?

—No... los ladrones debieron tener miedo de ser sorprendidos y abandonaron la casa antes de terminar su «trabajo».

—Mi plata... ¡le tenía tanto cariño! Era parte de la herencia de mi pobre abuelo. ¡Era tan bueno!... ¡Con todo lo que tuvo que soportar! Con todas esas víboras en la familia...

—Lo siento mucho, señora. Ya conozco el afecto que le tenía a todos los objetos de plata —dice Jorge.

Arturo, el mayordomo, y Nerea, el ama de llaves [3], se ponen a trabajar. Nerea deshace las maletas del ama de la casa y guarda los vestidos en su habitación. Arturo revisa las provisiones y comienza a preparar el almuerzo. Amaya está tan conmocionada que excepcionalmente desiste de prepararlo ella misma.

Está esperando impacientemente a su marido que debe llegar durante la tarde. Alberto está muy ocupado, trabaja mucho y a

3. **ama de llaves:** persona encargada del gobierno de una casa.

menudo se ausenta por motivos profesionales. Pero, por una vez, ha decidido descansar un poco. Pasará pues algunos días en *El lirio* con Amaya.

A su llegada, Amaya le informa inmediatamente del robo.

—Alberto, ¡estoy tan triste! Y además tengo que ir a la comisaría. Acabo de llamar a la compañía de seguros y me han pedido una copia de la declaración de robo. ¿Quieres acompañarme?

—Claro que sí, cariño, cuenta conmigo. Voy a llamar al técnico para cambiar la alarma, si es necesario. ¿Guillermo vendrá para tu cumpleaños?

—No lo sé. Me ha dicho que ahora mismo está muy ocupado.

Guillermo, su hijo, vive en Barcelona donde «aparenta» estudiar Derecho. Se trata de un chico bastante original, incluso extravagante... Tiene 22 años y, a decir verdad, no tiene ganas de estudiar. Su pasión por el teatro ocupa todo su tiempo y todos sus pensamientos. Actúa en una pequeña compañía teatral y los ensayos son más importantes que los exámenes. Parece ser que es un excelente actor, pero sus padres preferirían que obtuviese la licenciatura. ¿Vendrá a la fiesta organizada por su madre? ¿Quién sabe? Seguramente tendrá otras cosas que hacer. Sin embargo, sabe que a su madre le importa mucho que venga.

Después de leer

Comprensión lectora

1 Marca con una ✗ si las afirmaciones son verdaderas (V) o falsas (F).

		V	F
1	La casa de Amaya se encuentra en Lekunberri.	☐	☐
2	Es la primera vez que Amaya organiza su cumpleaños en *El lirio de los valles*.	☐	☐
3	A su llegada es recibida por el ama de llaves.	☐	☐
4	Inmediatamente es informada de un robo.	☐	☐
5	La plata no ha sido robada.	☐	☐
6	Jorge ha llamado a la policía.	☐	☐
7	Amaya espera la llegada de su marido.	☐	☐
8	Su hijo está a punto de llegar.	☐	☐
9	Amaya tiene que ir a la comisaría.	☐	☐
10	Su hijo vive en Madrid.	☐	☐

2 Responde a las preguntas.

1 ¿Qué le gusta hacer a Amaya cuando está en *El lirio de los valles*?

2 ¿Qué acostumbraba a hacer su abuelo cuando ella era pequeña?

3 ¿Por qué Jorge no ha oído a los ladrones?

4 ¿Por dónde han entrado los ladrones?

5 Amaya, ¿tiene la casa asegurada contra robo?

6 ¿Cuál es la reacción de Alberto cuando su esposa le cuenta lo que ha pasado?

7 ¿Qué estudia Guillermo?

8 ¿Cuál es su verdadera pasión?

3 Vuelve a leer el capítulo marca con una ✗ qué texto corresponde al informe del guarda.

1 ☐ Los perros ladraron durante mucho rato. Fui a ver lo que pasaba pero no advertí nada así que me dormí. La alarma no se disparó. Esta mañana he encontrado la ventana del salón abierta y he visto que faltaba la plata.

2 ☐ Los perros no ladraron y la alarma no sonó. No oí nada. Esta mañana he encontrado la ventana de la cocina abierta, el cristal estaba roto. Cuando he ido al salón, he visto que faltaba la plata.

3 ☐ Los perros no ladraron, pero la alarma se disparó. Me levanté y vi que faltaba la plata. Los ladrones ya se habían marchado.

4 ☐ La alarma me despertó justo a mitad de la noche. Me desperté y vi a dos hombres escapar corriendo. Llevaban dos bolsas enormes sobre los hombros. Inmediatamente pensé en un robo y llamé a la policía.

Léxico

4 Marca con una ✗ las plantas y flores con las cuales puedes preparar infusiones.

1 ☐ la melisa   6 ☐ el estragón
2 ☐ la margarita   7 ☐ la verbena
3 ☐ la manzanilla   8 ☐ la tila
4 ☐ el tulipán   9 ☐ la lechuga
5 ☐ el tomillo   10 ☐ la frambuesa

5 Escribe el sustantivo que corresponde a cada verbo. ¡No olvides el artículo!

1 conocer ....
2 cultivar ....
3 admirar ....
4 funcionar ....
5 actuar ....
6 revisar ....
7 cambiar ....
8 organizar ....

6 Encuentra en el texto sinónimos de las palabras en negrita.

1 Amaya **va** a su casa. ....
2 Con ciertas plantas se preparan **tisanas**. ....
3 Los zapatos se han **estropeado**. ....
4 Tiene un carácter **tranquilo**. ....
5 Su **entusiasmo** por el teatro es grande. ....

Expresión escrita y oral

DELE **7** Describe un lugar que te gusta particularmente, al que vas en cuanto puedes: una casa de vacaciones, una casa de amigos, una ciudad etc... (entre 80 y 100 palabras, 8-10 líneas).

8 Acaban de robarte el billetero en el autobús y vas a presentar una denuncia a comisaría. Imagina la conversación con el agente de policía. Haz una lista de todo lo que contenía tu billetero. Ayúdate con las palabras del recuadro.

> abono del autobús/del tren etc... DNI tarjeta de crédito
> dinero en efectivo permiso de conducir

Os espero el 5 de mayo próximo en El lirio de los valles para celebrar mi cumpleaños.

Con cariño

Amaya

CAPÍTULO 2

Los invitados

Cuando Alberto y Amaya regresan de la comisaría, el señor Gómez, el técnico, ya tiene instalada una nueva alarma. Les explica a los propietarios y a Jorge cómo funciona.

—Esta alarma es más sofisticada que la precedente. Es muy sensible y se dispara [1] si alguien intenta abrir una puerta o una ventana. La dejo en funcionamiento, pero les aconsejo cerrar bien las contraventanas esta noche, porque va a haber ráfagas de viento y la alarma podría dispararse.

—Ahora estoy más tranquila —dice Amaya—. Muchas gracias. Ha sido muy amable en venir tan rápidamente.

—Es normal. Les dejo el código secreto que podrán modificar, si lo desean.

Por la noche, Alberto y Amaya se ocupan de hacer la declaración de robo para la compañía de seguros.

—El señor Sánchez acaba de telefonear —dice Alberto—. Quiere rápidamente la lista de los objetos robados. Dice que es urgente porque la suma a devolver es bastante elevada. ¡Sin lugar

---

1. **dispararse la alarma**: ponerse en funcionamiento.

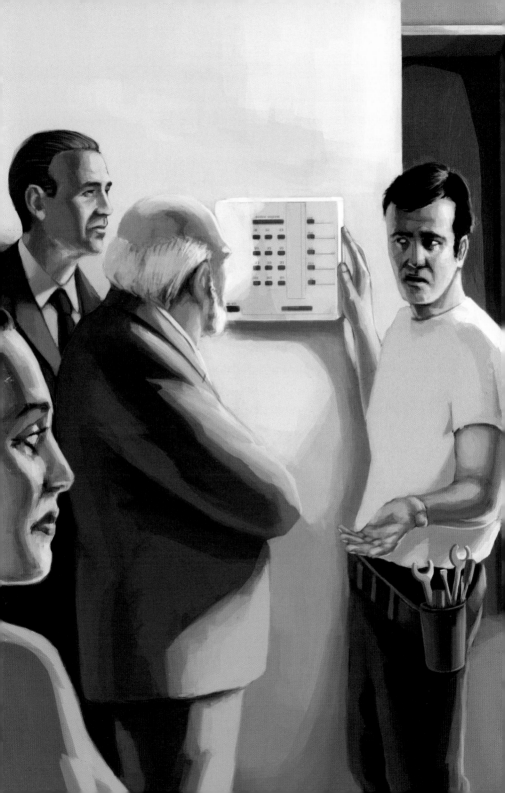

a dudas son desconfiados los del seguro! Siempre están sospechando que se trata de falsos robos.

—No te preocupes —dice Amaya—, ya he hecho la lista. La imprimo y te la muestro, en caso de olvidar algo... Afortunadamente Guillermo tomó fotos de la plata el año pasado. ¡Tú que decías que era perder el tiempo!

—Es verdad, por una vez, Guillermo tenía razón.

—Tengo que enviar las invitaciones para mi fiesta de cumpleaños, ¡la fiesta es dentro de pocos días!

—¡Pobrecilla! Con toda esta historia del robo, no hemos tenido tiempo de hablar de tu cumpleaños... ¿A quién vas a invitar?

La época en la que Amaya invitaba a unas treinta personas ya pasó: por el momento prefiere pasar su cumpleaños en compañía de su familia y de sus amigos más cercanos.

Amaya desea invitar a Felipe Hernández, el socio de su marido, y a su esposa Virginia. Alberto y Felipe son co-propietarios de una cadena hotelera, pero últimamente sus relaciones están un poco tensas a causa de la mala gestión de Felipe y de sus numerosos errores de tasación. Además Felipe es hipocondriaco: siempre cree estar enfermo y se lamenta permanentemente. Pero Amaya aprecia mucho a Virginia: se conocen desde hace años y comparten la misma pasión por la naturaleza y la buena cocina.

—¡Sabes que ya no soporto a Felipe! —exclama Alberto.

—¡Ya lo sé! Pero haz un esfuerzo, Felipe es tu socio y Virginia es mi amiga...

Alberto, que no sabe decir que no a su mujer, termina por aceptar.

Amaya ha invitado también a su primo Pedro Baena. Acaba de regresar de Canadá, donde ha vivido durante diez años. Antes de partir él también era socio de Alberto. Pero lo abandonó todo por una joven canadiense de la que se enamoró perdidamente. Ahora, después de divorciarse, ha decido regresar a España.

—Me pregunto a qué ha venido a España —dice Alberto con cierta irritación—. ¡Tu primo no sabe más que causar problemas!

En efecto, cuando se marchó, no faltaron los problemas. Alberto y Felipe se encontraron de la noche a la mañana con un socio menos y con graves problemas financieros. Estuvieron al borde de la bancarrota.

—Ya sé que tiene defectos —dice Amaya—, pero es mi primo... No le he visto desde hace diez años, ¡me parece normal invitarle! Además, después de todo, esta casa es un poco suya... También voy a invitar a Sofía y a Pablo.

Sofía es la mejor amiga de Amaya: se conocen desde la escuela primaria. Desde hace algunos años Sofía vive en Santander con su marido, Pablo, un especialista en dietética.

—¿Sofía? ¡Es tan cotilla!

—¡Pero bueno! ¡Es porque al no vernos con frecuencia tenemos tantas cosas que contarnos!

—Y su marido el doctor Domínguez, con sus manías sobre la alimentación... ¡No lo soporto! —exclama Alberto.

—Ten en cuenta que va a hacerse amigo de Felipe. Un médico y un hipocondriaco... tendrán al menos cosas que contarse.

—¿Y quién más?

—No, creo que...

Amaya no tiene tiempo de terminar la frase: un ruido terrible proveniente del despacho la interrumpe. Se dirige corriendo hacia allí para descubrir que un espejo grande al cual tenía mucho cariño acaba de desplomarse. Hay trozos de cristales por todas partes y la ventana está abierta.

—¿Quién ha dejado la ventana abierta? ¡No es posible! —exclama Amaya—, ¡además del robo ahora esto! ¡¡¡Nerea!!!

—Soy yo quien ha abierto la ventana hace un rato —dice Alberto—. ¡Has puesto ramilletes de muguet por todas partes!

—¡Son mis flores preferidas!

—Ya lo sé, pero soy alérgico al muguet, ¿lo has olvidado?

Amaya ya no le escucha. Entre el robo, la plata, el espejo, la alarma....

De repente exclama:

—¡¡La alarma!! ¡No se ha disparado! ¿La has desconectado?

—¡No! Hace ya un buen rato que Arturo y Jorge se han acostado y no creo que Nerea sea capaz de desconectarla. Además les hemos dicho que no toquen nada. No comprendo nada...

—Yo tampoco. Mira, vamos a acostarnos. Estoy cansada. Este día ha sido largo y agotador.

—Tienes razón. Mañana volveré a llamar a Gómez.

Después de leer

Comprensión lectora

1 Marca con una ✗ la opción correcta.

1 El técnico dice que la alarma nueva está
- a ☐ menos perfeccionada que la precedente.
- b ☐ tan perfeccionada como la precedente.
- c ☐ más perfeccionada que la precedente.

2 El asegurador le pide a Alberto
- a ☐ la copia original del contrato del seguro.
- b ☐ la lista de los objetos robados.
- c ☐ el importe a devolver.

3 Para su cumpleaños Amaya quiere invitar a
- a ☐ cinco personas.
- b ☐ diez personas.
- c ☐ treinta personas.

4 Felipe Hernández es
- a ☐ el primo de Amaya.
- b ☐ el socio de Alberto.
- c ☐ el médico de Alberto.

5 Pedro Baena, el primo de Amaya
- a ☐ va a establecerse en Canadá.
- b ☐ acaba de regresar de Canadá.
- c ☐ acaba de cambiar de trabajo.

6 El doctor Domínguez es
- a ☐ internista.
- b ☐ bromatólogo.
- c ☐ dentista.

7 Cuando el espejo se cae
- a ☐ la alarma se dispara.
- b ☐ la alarma no se dispara.
- c ☐ Nerea desconecta la alarma.

2 Asocia cada inicio de frase con su final.

1 ☐ El técnico explica
2 ☐ Guillermo ha tomado
3 ☐ Amaya invita
4 ☐ Alberto no se entiende
5 ☐ Amaya y Virginia
6 ☐ Pedro ha causado
7 ☐ Sofía es
8 ☐ Alberto deja la ventana abierta
9 ☐ Hace ya un buen rato que
10 ☐ Este día ha sido

a fotos de la plata.
b se conocen desde hace tiempo.
c largo y agotador.
d porque es alérgico al muguet.
e la mejor amiga de Amaya.
f poca gente a su cumpleaños.
g graves problemas financieros a Alberto.
h con Felipe.
i el funcionamiento de la nueva alarma.
j Arturo y Jorge se han acostado.

3 Adivina qué personaje se esconde detrás de cada afirmación.

1 Siempre cree estar enfermo. ....
2 Ha vivido mucho tiempo en el extranjero. ....
3 Presta mucha atención a lo que come. ....
4 Les encanta la buena cocina. ....
5 Le gustan mucho las flores y sobre todo el muguet. ....
6 Habla mucho. ....

Comprensión auditiva

4 Escucha la primera parte del capítulo y completa este texto.

Cuando Alberto y Amaya (**1**) .... de la comisaría, el señor
Gómez, el (**2**) ...., ya tiene instalada una nueva (**3**) ....
Les explica a los propietarios y a Jorge (**4**) .... funciona.

—Esta alarma es más (**5**) .... que la precedente. Es muy
sensible y se (**6**) .... si alguien intenta abrir una puerta o una
(**7**) .... La dejo en funcionamiento, pero les (**8**) ....
cerrar bien las contraventanas esta noche, porque va a haber
(**9**) .... de viento y la alarma podría (**10**) ....

El pluscuamperfecto

El pluscuamperfecto es un tiempo compuesto. Se forma con el auxiliar
haber en imperfecto del indicativo o del subjuntivo + el participio del
verbo que se conjuga.

Se utiliza el **pluscuamperfecto de indicativo** para indicar una acción
anterior a otra situada en el pasado.

*Cuando el espejo se rompió, ya **habían cambiado** la alarma.*

El **pluscuamperfecto del subjuntivo** se utiliza también en las frases
condicionales para mencionar un hecho que hubiera podido producirse
en el pasado, pero que nunca se realizó.

*Si la alarma **hubiera funcionado**, los ladrones no habrían entrado en la casa.*

Gramática

5 Conjuga los verbos entre paréntesis en pluscuamperfecto.

1 Cuando llegaron al teatro, el espectáculo (*comenzar*) ....

2 El coro cantó el repertorio que (*ensayar*) .... la víspera.

3 Encontré al niño que (*perderse*) .... en la playa.

4 Cuando el teléfono sonó yo ya (*acostarse*) ....

5 Si Pedro lo (*saber*) ...., no habría venido.

6 Cuando el médico llegó al hospital, el paciente (*fallecer*) ....

7 Cuando los bomberos llegaron, la casa (*quemarse*) ....

Léxico

6 Crucigrama.

Horizontales

1 El espejo se ha ....
2 Se puede tratar de una .... de amor o de robo.
3 La alarma funciona con un código ....

Verticales

1 Al romperse, los cristales hacen mucho ....
2 *Marchar* es lo mismo que ....
3 Viento fuerte, de corta duración.
4 Comenzar a funcionar un disparador.

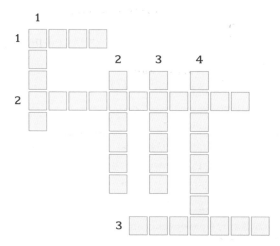

Expresión escrita y oral

 7 Presenta a tu mejor amigo/a. Descríbelo/a física y moralmente y habla de sus gustos (entre 80 y 100 palabras, 8-10 líneas).

8 Llamas por teléfono a un/a amigo/a para invitarle a tu cumpleaños. Le das detalles sobre la fiesta que estás preparando. Imagina la conversación.

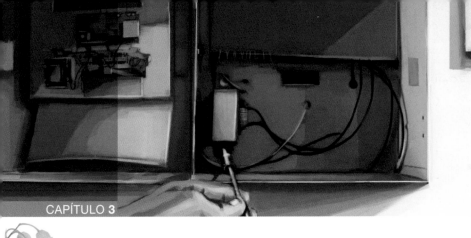

CAPÍTULO 3

Todavía más problemas

Hacia las once de la mañana, el técnico se presenta en *El lirio de los valles*. Alberto le explica que la víspera por la noche la alarma estaba activada, que abrió la ventana del despacho pero que la alarma no sonó.

—Jorge, Nerea y Arturo aseguraron no haber tocado nada —concluye Alberto.

—¿No se fue la luz? —pregunta Gómez.

—¡Vamos a ver! ¡Pues no!, me habría dado cuenta —dice Alberto enfadado—. Escuche, no sirve de nada discutir. Mire a ver qué le sucede: la alarma es nueva. ¡Debe funcionar!

Al cabo de diez minutos el técnico regresa.

—La he comprobado varias veces y funciona muy bien. No entiendo qué ha podido suceder. Alguien ha debido desconectarla sin querer, no veo otra explicación...

—Bueno, voy a cambiar inmediatamente el código secreto, pero estoy seguro de que ¡son sus alarmas las que tienen problemas! Por cierto, ¡no le pagaré hasta estar seguro de que funciona correctamente!

—Lo comprendo. Espero entonces sus noticias. Hasta la vista.

tomatoes

* Pollo al chilindrón,
chicken with red peppers.

Durante los días siguientes, Amaya está muy ocupada con los preparativos de su fiesta de cumpleaños y ya no habla de la historia de la alarma ni del robo.

Le gustaría que la fiesta tuviera lugar *took place* en el jardín de la casa, pero según el parte meteorológico, *weather report* el tiempo no va a mejorar. Hay riesgo de lluvia. Decide entonces, que la fiesta tendrá lugar en el salón que da *gives* a la terraza. Si hace buen tiempo, podrán eventualmente tomar fuera *take out* el aperitivo.

Los invitados han confirmado su asistencia. *attendance* Se quedarán durante todo el fin de semana.

Amaya prepara el menú con Arturo: mariscos de entrante, *Seafood starter* a continuación, trucha a la navarra *trout with bacon stuffing* acompañada de pimientos del piquillo y pollo al chilindrón. Y de postre, espuma *foam* de limón y tarta de Santiago *almond cake*. Los invitados son muy sibaritas ¹ *foodies* y Amaya no quiere decepcionarles. *disappoint, prever to foresee even* Ha previsto incluso un menú dietético para Pablo: pescado al horno *baked fish* y espárragos *asparagus* de Tudela. Pero nada de postre, ¡peor para él! *worse for him*

—Nerea, hay que *one must* preparar las habitaciones: pasar el aspirador, *vacuum* limpiar los cristales, hacer las camas... ¡Todo tiene que estar perfecto!

—Bien, señora, ¿ya ha decidido donde dormirán los invitados?

—Felipe y Virginia dormirán en la habitación verde. Pablo y Sofía ocuparán la habitación azul... ¡es tan romántica! Y mi primo dormirá en la habitación amarilla, al fondo *end* del pasillo *corridor*. Detesta que le molesten cuando duerme.

—Es la habitación que ha hecho insonorizar *soundproof* para su hijo, ¿verdad?

—Sí, otro gasto *expense* inútil... La pasión de Guillermo por la batería *drums* solamente le duró unos meses.

—¿Guillermo va a venir, señora?

1. **sibarita**: se dice de la persona de gustos muy refinados en el comer.
    gourmet connoisseur

—Nerea, me preguntas cosas a las que no sé qué responder. ¡En todo caso, espero que venga!

—¿Preparo su habitación?

—Sí, nunca se sabe... y ¡no olvides poner un bonito ramillete de muguet en cada habitación! Bueno, te dejo trabajar, voy a ver qué hace mi...

Amaya no tiene tiempo de terminar la frase: Alberto está delante de ella. Sin aliento.

—¿Qué pasa? —pregunta Amaya—. Pareces nervioso...

—No has tocado la alarma, ¿verdad?

—Por supuesto que no, ¿por qué?

—Porque he querido activarla y cuando he llegado... la caja estaba abierta y los hilos desconectados.

—Gómez tenía razón: la alarma funciona, y por lo visto, eso le molesta a alguien... —dice Amaya.

—Pero, ¿a quién? Jorge estaba conmigo y Arturo se fue a hacer la compra...

—No entiendo nada... ¡Ya nos han robado! ¿Qué interés tiene sabotear la alarma ahora?

—Quizá habría que llamar a la policía —dice Nerea.

—¿La policía? ¡Estás de broma! —exclama Amaya—. Si descubren que la alarma no funciona y se lo dicen a los del seguro, corremos el riesgo de no ser indemnizados.

—Mi esposa tiene razón —dice Alberto—. Primero voy a telefonear a Gómez y a hablar con él.

Amaya sale a dar una vuelta para relajarse un poco.

Cuando regresa, lleva un bonito ramo de flores silvestres y de muguet entre las manos...

«¡Ah! ¿Qué sería de esta casa sin mis flores campestres y mi muguet?» se pregunta.

Después de leer

Comprensión lectora

1 Marca con una ✗ las frases que corresponden a la historia.

1 a ☐ Según el técnico la alarma no ha sonado a causa de una avería eléctrica. *breakdown*

b ☒ El técnico piensa que alguien ha apagado la alarma sin hacerlo a propósito. *doing it on purpose* *turn off*

2 a ☒ Alberto decide cambiar el código secreto.

b ☐ Alberto decide cambiar la alarma.

3 a ☐ Según el parte meteorológico, el tiempo va a mejorar y la fiesta tendrá lugar en el parquet.

b ☒ Como existe riesgo de lluvia, la fiesta tendrá lugar en el interior de la casa.

4 a ☒ Amaya se ocupa del menú con Arturo.

b ☐ Nerea está encargada de preparar el menú.

5 a ☐ Alberto desea un menú dietético.

b ☒ Amaya prevé un menú dietético para Pablo.

6 a ☒ Amaya espera que Guillermo venga a la fiesta, así que le pide a Nerea que prepare su habitación. *refuse - to deny*

b ☐ Amaya se niega a que Nerea prepare la habitación de Guillermo porque sabe que no vendrá.

7 a ☐ Nerea debe quitar todos los ramos de muguet de la casa.

b ☒ Nerea debe colocar un ramo de muguet en cada habitación. *place*

8 a ☐ Alberto abre la caja de la alarma y encuentra los hilos desconectados.

b ☒ Alberto encuentra la caja de la alarma abierta y los hilos desconectados.

2 Responde a las preguntas.

1 ¿Por qué Alberto se enfada con el técnico?

2 ¿Cuánto tiempo se van a quedar los invitados en *El lirio de los valles*?

3 ¿Qué menú hay previsto para la fiesta?

4 ¿Dónde dormirán los invitados?

5 ¿Por qué Amaya había insonorizado una habitación?

6 ¿Qué propone Nerea?

7 ¿Por qué Amaya no quiere llamar a la policía?

8 ¿Qué hace Amaya para relajarse?

Los pronombres demostrativos neutros

Los pronombres demostrativos neutros **esto**, **eso**, **aquello** no se refieren a objetos tangibles sino a alguna declaración, observación o idea abstracta.

*¿Has leído **esto**?*   ***Eso** es.*   ***Aquello** no tendrá ninguna consecuencia.*

También los usamos cuando no conocemos el nombre de alguna cosa. Los demostrativos se refieren a espacios diferentes que se identifican mediante tres adverbios de lugar:

esto → **aquí**   **eso** → **ahí**   **aquello** → **allí**

*¿Qué es **esto**? Es un teléfono móvil.*   *¿**Eso** es tuyo? Sí, es mi abrigo.*

*¿Qué es **aquello**? Son unas zapatillas.*

Y eso que tiene el significado de **aunque**.

*Se marchó, **y eso que** le dije bien claro que esperara.*

Gramática

3 Asocia el inicio de cada frase a su final.

1 ☐ Eso que dices c

2 ☐ En mi opinión b

3 ☐ No veo con claridad (a)

4 ☐ Llegó con media hora de retraso d

a aquello que brilla al fondo.

b no es verdad.

c aquello no tiene nada que ver con el robo.

d y eso que le dije que se apresurase.
    he hurried

4 Aquí tienes una receta deliciosa y fácil de preparar. Escribe el infinitivo de los verbos subrayados.

Truchas a la navarra

Ingredientes para 4 personas:

4 truchas

8 lonchas de jamón serrano

aceite de oliva, harina y sal

rasher *flour*

Preparación

(1) Se <u>abren</u> las truchas por el vientre y (2) se <u>limpian</u> muy bien.

(3) Se <u>secan</u> con un paño de cocina bien limpio y se les (4) <u>añade</u> sal. A continuación (5) se <u>rellena</u> cada trucha con una loncha de jamón serrano y (6) se <u>cierra</u>.

(7) Se <u>pasan</u> por la harina y (8) se <u>echan</u> a la sartén cuando el aceite (9) <u>esté</u> caliente. *3rd p. subj*

(10) Se <u>ponen</u> a fuego suave y (11) se <u>dejan</u> hacer por dentro.

(12) Se <u>sacan</u> y (13) se <u>reservan</u>. *take out*

Las 4 lonchas de jamón serrano restantes se echan a la sartén, se les (14) <u>da</u> vuelta y vuelta y (15) se <u>retiran</u> del fuego. *turn over*

En una bandeja, se coloca una trucha encima de cada loncha de jamón y (16) se <u>sirve</u> caliente.

(1) *abrir*   (5) *rellenar*   (9) *estar*   (13) *reservarse*

(2) *limpiar*   (6) *cerrar*   (10) *poner*   (14) *dar*

(3) *secar*   (7) *pasar*   (11) *dejar*   (15) *retirarse*

(4) *añadir*   (8) *echar*   (12) *sacar*   (16) *servir*

5 ¿Dónde podemos comprar los siguientes productos?

Las truchas   *una pescadero*

El jamón serrano   *una charcutería*

La harina   *una tienda de comestibles*

El aceite de oliva   *" "*

La sal   *la tienda de alimentos*

un supermercado!

El Camino de Santiago de Saint Jean Pied de Port a Roncesvalles

Se dice que todos los caminos conducen a Roma. En la Europa medieval, todos llevaban a Santiago de Compostela. La tumba del apóstol Santiago era el talismán que alimentaba la ruta por la que transitaba el principal itinerario religioso del mundo occidental. Los cristianos europeos acudían a través de las tres grandes vías jacobeas que atravesaban Francia. Las tres llegaban a **Ostabat**, un pequeño lugar en el que se unían los peregrinos para afrontar juntos el duro

Peregrino haciendo el Camino de Santiago.

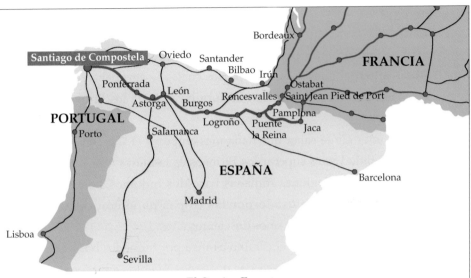

El Camino Francés.

reto de cruzar los Pirineos. En su camino a Galicia, desde la apacible tierra francesa, se tropezaban con una montaña áspera y escarpada, y un valle estrecho y abrupto en el que acechaban fieras y ladrones, y al que la nieve y la niebla convertían en una aventura imposible durante el invierno. Como antesala a tanta historia y leyenda, al pie de las alturas pirenaicas, **Saint Jean Pied de Port** fue la principal puerta de entrada a la península ibérica durante la Edad Media, al iniciarse allí el más importante de los itinerarios jacobeos, el llamado **Camino Francés**.

El Camino Francés es, juntamente con el **Camino de Le Puy**, el más rico de todos los Caminos de Santiago en el terreno de la cultura, resultado de haber sido a lo largo de muchos siglos la principal vía de peregrinación en el duro y difícil viaje a la tumba del apóstol.

La etapa de **Saint Jean Pied de Port** a **Roncesvalles** transcurre en el Pirineo navarro, menos agreste que el aragonés o el catalán occidental, pero no menos espectacular. De hecho, era una etapa antiguamente muy temida por los numerosos peregrinos procedentes del interior de Europa, los cuales se agrupaban en Saint Jean Pied de Port para afrontar la dura travesía de los Pirineos con compañía.

Es muy interesante saber que nada más empezar el Camino Francés una posibilidad para superar los Pirineos es la mítica Vía Aquitania utilizada por las legiones romanas hace dos mil años, coincidente también con el paso usado por las tropas napoleónicas en su conquista de España hace unos doscientos años.

A partir de Roncesvalles el camino avanza por húmedos bosques de espléndida vegetación y pasa por pequeños pueblos ganaderos que han sabido conservar su esencia con el paso de los siglos. El recorrido alterna senderos de montaña y pistas, a tramos empedradas. Ya desde el siglo X se construyeron hospitales, puentes, monasterios, iglesias, etc., que constituyen hoy en día un patrimonio artístico e histórico de primera magnitud a nivel europeo. Como reconocimiento a este valioso patrimonio, el Camino de Santiago fue declarado Primer Itinerario Cultural Europeo por el Consejo de Europa en el año 1987, y Patrimonio de la Humanidad por la UNESCO en 1993.

Saint Jean Pied de Port es un bellísimo pueblo del país vasco francés, situado en la orilla del río Nive, profundamente vinculado al Camino por la *Rue de la Citadelle*, sigue la senda histórica desde la entrada por la *Porte de Saint Jacques* (Patrimonio de la Humanidad) hasta la salida por la *Porte d'Espagne*. El río, las antiguas casas de estilo navarro que lo flanquean, y los puentes, forman un conjunto bucólico y fotogénico.

La Colegiata de Roncesvalles.

Roncesvalles

Es uno de los pasos pirenaicos que cruzaban los peregrinos desde Francia para ir a Santiago de Compostela. Fue escenario de la derrota sufrida por la retaguardia de Carlomagno, mandada por Rolando, conde de Bretaña, en el año 778, cuando regresaba a Francia después de haber intentado tomar Zaragoza.

Este hecho transformado por la fantasía ha dado origen a dos importantes obras épicas: en España el *Poema de Bernardo del Carpio* (final del siglo XII y comienzos del siglo XIII) exalta las gestas de este joven de origen incierto que, luchando al frente de los vascones, vengó la afrenta hecha por los francos al territorio español. Por otro lado, *La canción de Rolando*, primer cantar de gesta francés (primera parte del siglo XII) ensalza la heroica resistencia de un puñado de caballeros cristianos -Roldán y los doce pares del reino- ante el acoso de millares de musulmanes fanáticos alertados por el traidor Ganelón.

El Monasterio: La enorme masa gris y azulada de sus edificios, cuyo origen se remonta al siglo XII, aparece rodeada de espesos bosques. Concebido en su origen como alojamiento de los peregrinos, contaba con una hospedería, una capilla funeraria y una gran colegiata que, poco a poco, llegó a poseer preciadas reliquias. Situado bajo el patronato de la Santa Sede, esta lo encomendó a los agustinos, que todavía siguen al frente del monasterio.

La Colegiata: De estilo gótico, fue construida en el siglo XIII por el rey Sancho el Fuerte, y acoge la talla escultórica de Nuestra Señora de Roncesvalles, del mismo siglo. Junto al claustro en la Sala Capitular, se encuentra el Panteón Real (siglo XIII), donde reposan los restos de Sancho el Fuerte y su esposa Clemencia de Toulouse.

Comprensión lectora

1 Marca con una **✗** la respuesta correcta.

		V	F
1	Los peregrinos entraban en España desde Saint Jean Pied de Port.	☐	☐
2	En invierno cruzar los Pirineos era fácil.	☐	☐
3	La Vía Aquitania fue utilizada por los Romanos.	☐	☐
4	La Vía Aquitania fue utilizada por Napoleón.	☐	☐
5	El Camino de Santiago es Patrimonio de la Humanidad.	☐	☐
6	Roncesvalles es citado en *La canción de Rolando*.	☐	☐
7	El monasterio de Roncesvalles data del siglo X.	☐	☐
8	La Colegiata es de estilo Románico.	☐	☐

CAPÍTULO 4

Una cena muy lograda

Dos días después los Salvatierra reciben la visita del señor Sánchez, de la compañía de seguros. Ha venido a constatar los destrozos y a verificar el sistema de alarma que Gómez, el técnico, ha vuelto a reparar. Tasa el valor de la plata que Amaya aseguró hace algún tiempo: la suma es considerable.

Hacia las once de la mañana, todos los invitados han llegado. Jorge se ocupa de los equipajes y Nerea les acompaña a sus habitaciones. Solamente falta por llegar Guillermo.

El aperitivo es una buena ocasión para permitir conocerse a los invitados y para distender un poco el ambiente.

—Entonces, Amaya, ¿qué historia es esa del robo? —pregunta Sofía—. Alberto acaba de contarnos lo que ha pasado.

—Sofía, es horrible... ¡Me han robado toda la plata! Sucedió la víspera de mi llegada. ¡Estaba tan contenta de estar aquí! Esta noticia me ha inquietado.

—Me imagino lo desagradable que puede ser, encontrar que han robado en tu casa —añade Virginia.

—Sí, pero no pensemos más en ello y vamos a divertirnos. Al fin y al cabo ¡para eso estáis aquí! Venid, os voy a presentar a Pedro Baena, mi primo. Acaba de regresar de Canadá.

—¿De Canadá? ¡Qué suerte! —exclama Sofía.

—Pedro, te presento a Sofía, mi mejor amiga, y a Pablo, su marido.

—Encantado.

—Te acuerdas de Felipe y Virginia, ¿verdad?

—Sí, ¡claro que me acuerdo de ellos! ¿Qué tal amigo? ¡Ya veo que no has cambiado! Y tú, Virginia, ¡siempre tan encantadora!

—Felipe, te presento al doctor Domínguez —dice Amaya—, no sé si ya os conocéis.

—No, pero me aconsejaste ir a su consulta por mis problemas de úlcera. Como sabes soy muy fiel al doctor Fuster. Me diagnostica desde hace años y es muy competente. Por cierto, la última vez no me...

—Pedro, ¿y si nos cuentas lo que has hecho por Canadá? —exclama Alberto, para evitar que Felipe comience a hablar de sus numerosas enfermedades.

—Por mí, de acuerdo, podría hablaros durante horas enteras... Canadá es un país magnífico y los canadienses tienen una manera de vivir verdaderamente diferente de la nuestra. ¿Sabéis que en Montreal existe una ciudad subterránea?

Amaya interviene:

—¿Un aperitivo, Pedro?

—¡Por supuesto! ¡Qué pregunta! —responde sonriendo.

—Pablo, ¿te sirvo algo a ti también?

—Un zumo de frutas, gracias.

Amaya le sirve una bebida a Pablo y después se dirige a su primo.

—Toma, tu vaso.

—Gracias, Amaya.

—Voy a ver a Sofía. Ven conmigo, estoy segura de que se muere de ganas de preguntarte cosas. Está entusiasmada con nuestro primo de Québec.

Mientras Amaya y su primo se acercan a Sofía, Pablo le dice enfadado a su mujer:

—Sofía, ¿qué haces? ¿Vienes?

Amaya intenta por todos los medios que la fiesta resulte agradable: sirve bebidas, habla con todo el mundo, sobre todo con Felipe que permanece un poco aislado. No parece sentirse a gusto. Intenta hacerle preguntas a Pablo, pero este último no parece tomarse muy en serio a este enfermo imaginario.

La comida está exquisita, todo el mundo la aprecia mucho.

Es Amaya quien ha cocinado todo y está muy orgullosa del resultado.

Cuando llega el postre, Nerea apaga las luces para que su jefa pueda soplar las velas. Es un gesto simbólico, lo que Amaya repite todos los años y al cual le tiene mucho cariño.

Guillermo no está, ni tan siquiera ha telefoneado a su madre para desearle un feliz cumpleaños. Amaya intenta no pensar en ello...

—¡Felicitaciones al chef! —exclama Pablo sonriendo—. ¡Mi menú especial estaba delicioso!

—Sí, nos hemos chupado los dedos [1] —añade Virginia.

—¡Estaba realmente bueno! —dice Felipe.

Únicamente Pedro no hace comentarios. Está pálido y no ha tomado postre.

—¿Te encuentras bien? —le pregunta Alberto.

1. **chuparse los dedos:** deleitarse comiendo cosas exquisitas.

—No, no me encuentro muy bien.

—¿Quieres algo para digerir? ¿Una infusión, quizá? —le pregunta Amaya.

—No gracias, se pasará. Estoy únicamente un poco cansado. No he dormido mucho.

—¿Estás seguro? Puedo pedirle a Nerea que...

—No, no te preocupes por mí. Subo a mi cuarto. Voy a descansar un poco y se pasará.

—De acuerdo, pero no dudes en llamarme si necesitas algo.

—Gracias, Amaya.

En cuanto Pedro desaparece, Sofía le dice a Amaya:

—Creo que simplemente ha bebido demasiado. No se ha separado del buffet durante el aperitivo y creo que en la mesa no ha bebido ni una gota de agua... es una pena...

—Parece que no le has quitado la vista de encima —le dice Pablo a su mujer—. Es alcohólico [2] y además ¡quieres que le compadezcamos!

Antes de que la conversación se transforme en discusión, Amaya propone a sus amigos tomar el café en el salón.

---

2. **alcohólico**: que tiene por costumbre beber grandes cantidades de alcohol.

Después de leer

Comprensión lectora

1 Marca con una ✗ si las afirmaciones son verdaderas (V) o falsas (F).

		V	F
1	Alberto se preocupa por la salud de Felipe.		✗
2	Pedro dice que Canadá es un país extraordinario.	✓	
3	Pablo toma un whisky de aperitivo. *jugo	zumo*		✗
4	Felipe no se siente a gusto entre los invitados.	✓	
5	Amaya detesta soplar las velas.		✗
6	Pedro ha comido demasiada tarta.		✗
7	Pedro toma una infusión antes de acostarse.		✗
8	Pedro no ha bebido ni una gota de agua.	✓	
9	Pablo piensa que Pedro es alcohólico.	✓	
10	Amaya propone tomar el café en el salón.	✓	

2 Pon las frases en el orden cronológico de la historia de 1 a 9.

a [4] Los invitados toman el aperitivo.

b [7] Pedro Baena no se encuentra muy bien.

c [1] El señor Sánchez ha venido a constatar los destrozos.

d [2] Los invitados llegan hacia las once de la mañana.

e [6] Los invitados felicitan a Amaya por la comida.

f [8] Pedro Baena sube a su habitación.

g [3] Amaya le cuenta a Sofía la historia del robo.

h [5] Amaya presenta a Pedro a sus amigos.

i [9] Pablo está celoso. *- jealous | suspicious*

El modo subjuntivo

El modo subjuntivo siempre depende de una idea principal a la que sirve. Implica duda, deseo, probabilidad, alguna emoción o inquietud.

*Amaya intenta por todos los medios que la fiesta **resulte** agradable.*

Se emplea para expresar:

— una orden.	*Diré al alumno que **venga**.*
— una petición.	*Le ruego que me **ayude**.*
— una sugerencia. ~~suggestion~~	*Propongo que se **considere** la cuestión.*
— un deseo.	*El profesor no quiere que **entres** en clase.*
— un permiso.	*Deja que Pedro me **acompañe**.*
— una aprobación.	*Prefiero que **vayas** ahora.*
— una prohibición.	*Prohíbo que **entren**.*

Gramática

3 **Di que expresan las frases siguientes en subjuntivo, sigue el ejemplo.**

El general ha mandado que se arreste a los desertores.   una orden

1   Esto impedirá que lo hagan.   *una prohibición*

2   Le pido que no se enfade.   *una petición*

3   Me opongo a que salga a la calle.   *un deseo*

4   No permito que los niños jueguen con pistolas.   *una prohibición*

5   Autorizo que se lea la carta.   *un permiso*

6   Se ha decretado que no se salga a la calle.   *una orden*

7   El jefe no quiere que pase.   *un deseo*

8   Las leyes impiden que se cometan injusticias.   *una prohibición*

9   Quiero que seas feliz.   *un deseo*

10 Se resuelve que se nombre una comisión.   *una aprobación*

Comprensión auditiva

 4 La tarta de cumpleaños que Amaya ha preparado para sus amigos es la famosa tarta de Santiago. Apunta en un papel la receta que vas a oír paso a paso y luego responde a las preguntas siguientes.

step by step

1 La tarta de Santiago ¿lleva harina?
2 ¿Hay que batir los huevos?
3 ¿Cuánto tiempo debe estar en el horno?
4 ¿A qué temperatura debe estar el horno?
5 ¿Para qué sirve el azúcar glaseado?

Léxico

DELE **5** En cada una de estas frases hay en letra negrita una palabra que no es adecuada. Sustitúyela por alguna de las palabras siguientes.

a robado   c conmocionado   e los dedos
b por   d reparar   f acaba

1 d El técnico a vuelto a **pagar** el sistema de alarma. *reparar*
2 b Solamente falta **para** llegar Guillermo. *por*
3 f Alberto **viene** de contarnos lo que ha sucedido. *acaba*
4 c Esta noticia me ha **conmovido**. *conmocionado*
5 e Los invitados se chupan **el dedo**. *los dedos*
6 a Es desagradable encontrar que han **saqueado** en tu casa. *robado*

Expresión escrita y oral

DELE **6** Cuenta el último viaje que has hecho: ¿dónde fuiste? ¿Cuándo? ¿Con quién? ¿Cuánto tiempo duró el viaje? Escribe lo que te gustó y lo que no te gustó, etc... (entre 80 y 100 palabras, 8-10 líneas).

7 Organizas una fiesta con amigos, preséntales a tu amigo/a español/a que ha venido de intercambio dos semanas a tu casa.

PROYECTO **INTERNET**

La flora de Navarra

Sigue estas instrucciones para conectarte con el sitio correcto. Entra en internet y ve al sitio www.blackcat-cideb.com. Escribe el título o parte del título del libro en nuestro buscador.

Abre la página de *El lirio de los valles*. Pulsa en el icono del proyecto. Da una ojeada a la página hasta llegar al título de este libro y conéctate con los sitios que te proponemos.

1 Cita al menos tres flores que son originarias de Navarra.

2 ¿Cuál es el otro nombre de la *convalaria majalis*?

3 ¿Cuánto mide?

4 ¿Dónde crece?

5 ¿Cómo son sus hojas?

6 ¿Cuántas flores lleva su tallo?

7 ¿De qué color son?

CAPÍTULO 5

Una llegada tardía

Los invitados charlan en el salón durante una buena parte de la tarde, y después cada uno sube a su habitación a echar la siesta. Nerea les acompaña y aprovecha la ocasión para ver cómo se encuentra Pedro, que no se ha movido de la cama y le pide una infusión.

Algunos minutos después Amaya llama a la puerta.

—Toma, te he traído una infusión de romero. Es bueno para la digestión.

—¡Qué amable eres!

—¿Te encuentras mejor?

—Pues a decir verdad, no. Todavía tengo náuseas y la cabeza me da vueltas. Siento haber estropeado el final de la comida. Estoy seguro de que tus excelentes platos no tienen nada que ver con esto.

—¿Quieres que le diga a Pablo que venga a visitarte?

—No, ya verás como irá mejor. Voy a intentar dormir.

Amaya vuelve a bajar y ayuda a Nerea a ordenar el salón y a organizar la cena de la noche. Alberto se une a ellas y pregunta a su mujer qué tal se encuentra Pedro.

—Continúa teniendo náuseas, pero le he dado una infusión... debería pasarle —añade Amaya.

—Sabía que no había que invitarle —dice Alberto—. Con él nunca se sabe lo que puede pasar.

—Escucha, ya hemos hablado del asunto.

La llegada de Virginia y de Sofía interrumpe la conversación.

—¿Tu primo está mejor? —pregunta Virginia—, porque Felipe tampoco se encuentra muy bien.

—¡Es una maldición! —exclama Amaya—. No comprendo nada. Los productos estaban frescos... yo...

—¡Yo estoy en plena forma! —dice Sofía—. ¡Los hombres!... piensan que son fuertes como rocas, pero son más frágiles que nosotras, ¿jugamos a las cartas?

—Buena idea —dice Amaya—. Una partida de bridge nos distraerá. Alberto, ¿puedes subir a ver si Pedro necesita algo?

Cuando Alberto regresa, no trae buenas noticias. Pedro tiene escalofríos [1] y cada vez le duele más el estómago.

—Creo que hay que llamar a un médico de urgencias —dice.

—Deberíamos primero hablar con Pablo. Tenemos un médico en casa, sería una pena desaprovecharlo. Si no puede hacer nada, llamaremos al médico de urgencias —responde Amaya.

Como siempre, Alberto termina por ceder.

Algunos minutos más tarde Amaya llama a la puerta de la habitación de Pablo.

—Pablo, perdona que te moleste, pero creo que sería necesario que visitases a Pedro.

---

1. **escalofrío**: sensación de frío repentina acompañada de contracciones musculares.

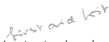

—Por supuesto voy a buscar el botiquín al coche...

Pablo acaba de salir de casa cuando Guillermo hace su aparición.

—¡A buenas horas! —le dice su padre—. ¡Al menos habrías podido comer con nosotros! Te recuerdo que hoy es el cumpleaños de tu madre.

—Escucha, habría llegado a tiempo si no hubiera tenido problemas con el coche.

—¡Conmigo eso no funciona! ¡Búscate otra excusa!

—¡Es la verdad! ¡Te lo juro! El mecánico lo ha reparado pero he tenido que estar más de tres horas en el taller.

—Bueno, ve a saludar a tu madre, se pondrá contenta de verte.

—A propósito, acabo de cruzarme con Pablo, ¿se marcha? —pregunta Guillermo.

—No, ha ido a buscar el botiquín para examinar a Pedro, después de comer se ha encontrado indispuesto.

—Vaya, un médico inútil que cura a un impostor. ¿Estás seguro de que no finge estar enfermo para pedir una indemnización?

—¡Cállate! ¡Deja estar esas historias! Los invitados podrían oírte.

—Tu padre tiene razón —dice Amaya que le escucha al entrar.

—¡Sabes que nunca he soportado a Pedro! ¡Incluso cuando era pequeño! Siempre está mintiendo.

—Quizás ha cambiado... —replica Amaya—. Su divorcio le ha afectado mucho y necesita el apoyo de la familia.

—¿Pero que estás contando? ¡Si tú también le has detestado siempre!

—Escucha, todo eso pertenece al pasado. Y de todas formas eras demasiado pequeño para entender...

Amaya conversa un poco con Guillermo. Está contenta de que esté allí, aunque hubiera preferido verle durante la comida. Nunca consiguió establecer una relación de complicidad con su hijo, y por ello sufre mucho.

Mientras, Pablo examina a Pedro y le diagnostica un simple virus. Pedro es, sin lugar a dudas, alcohólico, así que tiene el hígado y el estómago frágiles. Le da una píldora contra las náuseas y le ordena no comer nada hasta mañana.

La fiesta transcurre sin problemas. Los invitados están a gusto y después de una excelente cena, cocinada por Nerea y Amaya, escuchan música, charlan y juegan al bridge. Guillermo hace un esfuerzo: se queda e incluso toma parte en la conversación.

Un poco más tarde Amaya sube a ver a su primo. Cuando regresa al salón, Pablo le pregunta si la píldora contra la náusea le ha hecho efecto.

—Creo que sí —responde Amaya—, ha terminado por dormirse. Buena señal, ¿no?

Hacia las once de la noche todo el mundo se retira a sus habitaciones. El silencio se hace dueño de *El lirio de los valles*...

Después de leer

Comprensión lectora

1 Marca con una ✗ las frases que corresponden a la historia.

1 a ☐ Después de comer los invitados juegan a las cartas y pasan toda la tarde en el salón.

  b ☒ Después de comer, los invitados charlan en el salón antes de subir a sus habitaciones para descansar un poco.

2 a ☒ Amaya le lleva una infusión a Pedro.

  b ☐ Nerea lleva una taza de té a Pedro.

3 a ☒ A lo largo de la tarde, Pedro se encuentra cada vez peor. Amaya quiere que Pablo le examine.

  b ☐ Amaya llama a un médico de urgencias porque Pedro se encuentra cada vez peor.

4 a ☐ Guillermo llega tarde a causa de los ensayos teatrales.

  b ☒ Guillermo llega tarde porque su coche se ha averiado. *broken down*

5 a ☒ Pedro tiene un virus.

  b ☐ Pedro sufre una intoxicación alimentaria.

6 a ☒ Los invitados pasan una excelente velada. *party, soirée*

  b ☐ Los invitados pasan una velada desagradable: están todos enfermos.

2 Responde a las preguntas siguientes.

1 ¿Quién se encuentra mal además de Pedro?

2 ¿Cuáles son los síntomas de Pedro?

3 ¿Qué juego de cartas practican los invitados?

4 ¿Qué le reprocha Alberto a su hijo?

5 ¿Qué piensa Guillermo de Pedro y de Pablo?

6 ¿Por qué se pone Amaya contenta?

Comprensión auditiva

7 **3** Escucha el inicio del capítulo 5 y contesta a las preguntas siguientes.

1 ¿En qué lugar de la casa charlan los invitados?

2 ¿Qué le pide Pedro a Nerea?

3 ¿Qué le trae Amaya a Pedro?

4 ¿Cómo se encuentra Pedro?

5 Pablo ¿visita a Pedro?

6 ¿Qué hace Amaya a continuación?

El condicional simple   could | would | should

El condicional sirve para sugerir o para pedir algo educadamente, dar un consejo, o formular una decepción.

Deberíamos primero hablar con Pablo.

El condicional se forma añadiendo al infinitivo del verbo las siguientes terminaciones, que son las mismas del imperfecto:

	-ía
	-ías
hablar	-ía
comer	-íamos
partir	-íais
	-ían

Los verbos que presentan una forma irregular en el futuro, presentan la misma irregularidad en el condicional.

saber: sabré, sabría   poner: pondré, pondría   hacer: haré, haría

El condicional compuesto — could or would have happened

El condicional compuesto se forma con el auxiliar **haber** en condicional simple seguido del participio pasado del verbo.

¡Al menos **habrías podido** comer con nosotros!

Escucha, **habría llegado** a tiempo si no hubiera tenido problemas con el coche.

Gramática

4 Conjuga los verbos entre paréntesis en condicional simple o compuesto según convenga.

1 Ellas (*tomar*) ..*tomarían*.............. con gusto un café.

2 Ellos (*deber*) *deberían*.............. tomar un vaso de agua.

3 Ellas (*llegar*) .... tarde sin tu ayuda. *habrían llegado*

4 Ella (*venir*) ....*venido*..... con nosotros si hubiese podido. *habrían*

5 Tú (*comer*) ....*comido*..... patatas fritas, si no estuvieras a régimen. *habrías*

6 Ellos (*llegar*) .....*llegado*..... si no hubiéramos tomado el tren. *habrían*

Léxico

DELE **5** En cada una de estas frases hay en letra negrita una palabra que no es adecuada. Sustitúyela por alguna de las palabras siguientes.

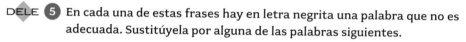

a pregunta 4   c charlan 1   e escalofríos 2
b cena 3   d afectado 5   f apoyo 6

1 [c] Los invitados **se disputan** en el salón. *charlan*

2 [e] Pedro tiene **palpitaciones**. *escalofríos*

3 [b] Amaya ayuda a organizar la **comida** de la noche. *cena*

4 [a] Alberto **pide** a su mujer qué tal se encuentra Pedro. *pregunta*

5 [d] Su divorcio le ha **infectado** mucho. *afectado*

6 [f] Necesita el **poyo** de su familia. *apoyo*

Expresión escrita y oral

DELE **6** Escribe un e-mail a un/a amigo/a para contarle cómo ha transcurrido tu viaje a los Estados Unidos (entre 80 y 100 palabras, 8-10 líneas).

7 Tienes una cita para ir al cine con un/a amigo/a, pero no te encuentras bien y decides anular la cita. Explícale lo que te ocurre.

PROYECTO **INTERNET**

La selva de Irati

Sigue las instrucciones de la página 47 para encontrar los sitios que te proponemos.

Responde a las preguntas.

1   ¿Qué es la selva de Irati?
2   ¿Qué valor tiene?
3   ¿Dónde se encuentra la selva de Irati?
4   Cita cuatro tipos de árboles que se encuentran allí.
5   Cita cuatro animales que viven allí.
6   ¿Qué tipo de peces se pueden pescar?
7   Elige una excursión y explica a tus compañeros el por qué de tu elección.

CAPÍTULO 6

Una extraña llamada

Durante toda la noche, el viento sopla a ráfagas. A los invitados les cuesta conciliar el sueño.

Aunque las contraventanas están cerradas, Alberto piensa que la alarma podría dispararse así que se levanta para desactivarla. Pero una vez despierto, tiene problemas para volverse a dormir.

Felipe, que la víspera por la noche comenzaba a sentirse un poco mejor, tiene una pesadilla y se despierta de un sobresalto. Cuando enciende la lámpara de la mesilla, su mujer no está...

Amaya también se despierta en plena noche. El silbido del viento a través de las contraventanas le impide volverse a dormir. Decide pues, prepararse una infusión de manzanilla.

Antes de bajar a la cocina pasa por delante de la habitación de su primo y entreabre discretamente la puerta. La luz está apagada y Pedro está acostado de lado. Parece estar durmiendo. Amaya vuelve a cerrar la puerta. Avanza en la oscuridad hasta los escalones de la escalera, cuando de repente siente que una mano helada se posa sobre su brazo. Se gira con un sobresalto.

—¿Virginia? ¿Qué haces en la oscuridad?

—Felipe no consigue conciliar el sueño, así que he pensado que una infusión le sentaría bien.

57

—¡Me has dado un buen susto! ¡Con la historia del robo y la alarma que funciona cuando quiere, creí que...

—Lo siento —dice Virginia—. No quería asustarte. No he encendido la luz porque tenía miedo de despertar a todo el mundo. ¿Y tú? ¿Qué haces de pie a estas horas?

—Yo tampoco consigo dormirme. Ven, vamos a la cocina.

Sofía y Pablo se despiertan en varias ocasiones, y finalmente terminan por dormirse. Les parece oír voces provenientes de la habitación de Pedro, pero piensan que quizás es debido al viento. Además, Pablo cree haber hecho su trabajo y que ahora es Amaya quien debe ocuparse de su primo.

El viento deja de soplar hacia las cinco de la mañana. Una hora más tarde amanece y la jornada de Nerea comienza. Hace un poco de limpieza y prepara el desayuno.

Cuando sube a despertar a la señora se da cuenta de que la puerta de Pedro está entreabierta. Curiosa, se aproxima. El enfermo ya no se encuentra en su cama: está tendido por el suelo no lejos de la puerta. Parece estar inconsciente. Asustada, Nerea se precipita por el pasillo para advertir a los señores.

—¡Socorro! ¡Ayuda! Señora, venga rápido, ¡creo que su primo se encuentra mal!

Amaya y Alberto se levantan inmediatamente. Entran en la habitación de Pedro e intentan despertarle, pero ¡está inconsciente! Alertado por los gritos de Nerea, Pablo también se apresura hacia la habitación del enfermo.

—¡No tenemos un minuto que perder! ¡Hay que llamar inmediatamente al Samu[1]! —ordena.

---

1. **Samu**: Servicio de Ayuda Médica Urgente.

Media hora más tarde la ambulancia llega.

—¿Por qué han tardado tanto en llegar? —exclama Pablo—. ¡Les hemos llamado hace más de media hora! ¡Sabían que era grave!

—Ha habido un accidente en la carretera y la policía ha instalado medidas de seguridad. Hemos tenido que dar un rodeo. Han arrestado al chófer borracho. Querían que lo llevásemos al hospital, pero le hemos dicho que teníamos una urgencia.

Desgraciadamente, unos minutos más tarde el médico certifica la muerte de Pedro. Al parecer ha sido víctima de un ataque cardíaco.

Cuando los invitados se enteran de la noticia, se quedan impresionados. Amaya no se encuentra bien. Pablo teme que tenga un ataque de nervios y se plantea administrarle un calmante pero ella lo rechaza.

El médico de urgencias todavía se encuentra en la habitación, cuando un teléfono móvil comienza a sonar. Sin pensarlo el médico contesta. Una voz de hombre le replica:

—¿Oiga? ¡Por fin! ¿Eres tú Pedro? Pero, ¿qué ha sucedido?

—No, no soy Pedro. Soy el señor Martín, soy médico...

—¿Médico? Pero, ¿dónde está Pedro? ¿Está bien? Me ha llamado en plena noche, le costaba hablar y no he entendido bien lo que decía. He intentado llamarle varias veces pero no ha contestado.

—¿Qué le dijo exactamente?

—Acabo de decirle que no he entendido nada... Ha hablado de veneno o algo así, pero....

—¿Está seguro de lo que dice?

—Sí, pero ¿va a decirme qué es lo que pasa?

—Escuche, lo siento mucho, pero el señor Baena ha fallecido. Le ruego que no se aleje del teléfono. La policía va a ponerse en contacto con usted, quizá es usted testigo de un asesinato.

—¿De qué?

El médico ha colgado. Llama inmediatamente a la policía y a continuación se reúne con los propietarios de la casa en el salón.

—Acabo de llamar a la policía —les anuncia—. Debería llegar de un momento a otro acompañada de un médico forense.

—¿La policía? ¿Un médico forense? ¿Por qué? —pregunta Amaya.

—Su primo quizá no ha muerto de muerte natural... —responde el médico.

—¿Cómo? —exclama Amaya—. ¡Quiero verle!

—Nadie debe entrar en la habitación hasta que llegue la policía. Y nadie debe salir de casa, ¡es una orden!

Ante la determinación del médico, Amaya no insiste. Se levanta y se dirige a la cocina a preparar café a los invitados.

61

Después de leer

Comprensión lectora

1 Marca con una ✗ si las afirmaciones son verdaderas (V) o falsas (F). Justifica tus respuestas.

		V	F
1	Los invitados no consiguen dormir a causa del viento.	☑	☐
2	Amaya se levanta para desconectar la alarma.	☐	☑
3	Felipe tiene una pesadilla.	☑	☐
4	Cuando Amaya va a ver a Pedro, este está despierto.	☐	☑
5	Al bajar las escaleras, Amaya se da cuenta de que no está sola.	☐	☑
6	Pablo y Sofía oyen discutir a Amaya y Alberto.	☐	☑
7	Al día siguiente por la mañana, Nerea se da cuenta de que la puerta de la habitación de Pedro está entreabierta.	☑	☐
8	Pedro está tendido en el suelo: le pide a Nerea ayuda para levantarse.	☐	☑
9	La ambulancia llega inmediatamente.	☐	☑
10	Según el médico, quizá Pedro ha sido asesinado.	☑	☐

2 Vuelve a leer el capítulo y escribe quién hace o ha hecho la acción.

1   Advierte inmediatamente a su jefa. ......*Nerea*......

2   Se enfada con el médico. ......*Amaya*......

3   Va a preparar una infusión a su marido. ......*Virginia*......

4   Llama a la policía. ......*el medico*......

5   Prepara el desayuno. ......*Nerea*......

6   Contesta al teléfono. ......*el medico*......

Léxico

3 Completa estas palabras utilizadas en el capítulo.

unas c*ontr* a*ventanas*   una *lámpara de noch*e   unos *escalones*

una *ambulancia*   un *hospiral*   un *telefono móvil*

El pretérito perfecto

Se utiliza el pretérito perfecto del indicativo cuando el hecho en cuestión tuvo lugar en un espacio de tiempo que todavía hoy, de alguna manera, está conectado con el presente. Se utiliza incluso para hablar de algo acontecido hoy mismo, si se especifica el momento.

*Ha habido un accidente en la carretera y la policía **ha instalado** medidas de seguridad.*

***Hemos tenido** que dar un rodeo.*

Gramática

4 **Transforma las frases conjugando los verbos en negrita en pretérito perfecto.**

1 Esta mañana **encontré** un libro en el ascensor.
(yo)
Esta mañana he encontrado ---

2 Al escuchar el telediario **supe** la noticia.
saber (yo)
Al escuchar el telediario he sabido

3 Si **estudias** con regularidad, puedes aprobar.
(tú)
Si has estudiado ---

4 El ladrón **entró** en la casa y **saltó** por la ventana.
El ladrón ha entrado en las casa y ha saltado —

5 La ambulancia **llegó** con retraso a causa de un accidente.
La ambulancia ha llegado

6 **Saludamos** al vecino en el parque.
Hemos saludado al vecino —

7 Al oír el viento, **tuve** mucho miedo.
(yo)
Al oír el viento he tenido ---

8 El domingo, **escribí** seis cartas.
(yo)
El domingo, he escrito seis cartas

Expresión escrita y oral

DELE **5** **¿Alguna vez has tenido mucho miedo? Escribe en qué circunstancia y qué pasó (entre 80 y 100 palabras, 8-10 líneas).**

6 **Un miembro de tu familia no se encuentra bien. Telefonea al médico para que venga a examinarle.**

PROYECTO **INTERNET**

El Monasterio de Leyre

Sigue las instrucciones de la página 47 para encontrar los sitio que te proponemos.

Responde a las siguientes preguntas.

1   ¿Dónde se encuentra el monasterio de Leyre?
2   ¿Desde cuándo se tienen noticias de él?
3   ¿Qué orden religiosa lo administraba en los siglos IX al XI?
4   ¿Qué otra orden lo dirige a partir del siglo XII?
5   ¿En qué siglo fue clausurado?
6   ¿Cuándo se volvió a abrir?
7   ¿Para qué servía la cripta del panteón real?
8   ¿Cuántos monasterios hay actualmente?

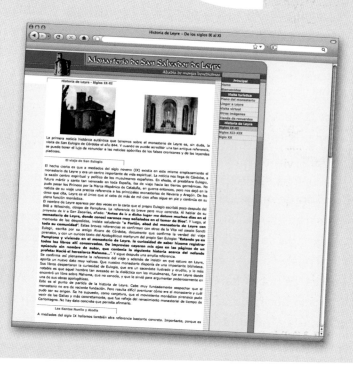

CAPÍTULO 7

La investigación comienza

Poco tiempo después el comisario Sanchís llega y habla con el médico. Este último le cuenta todo lo que ha sucedido desde su llegada a la casa.

El comisario coge el móvil de la víctima para verificar las llamadas efectuadas y recibidas: Pedro llamó a un número durante la noche y recibió varias llamadas de ese mismo número. La última de esta misma mañana, como le ha contado el médico del Samu.

Después de examinar el cadáver, el médico forense llega a la conclusión de que se trata de un ataque cardíaco. El comisario ordena transportar al fallecido al depósito de cadáveres para practicarle la autopsia y pruebas toxicológicas. A continuación llama al misterioso desconocido que ha llamado al móvil de Pedro, le explica en pocas palabras la situación y le ordena dirigirse lo más rápido posible a la comisaría. No quiere sacar conclusiones precipitadas, pero la muerte de Pedro le parece realmente sospechosa.

La víctima hace unas dos horas que murió, cuando el comisario procede a un primer interrogatorio.

—¿Han observado algo sospechoso? —pregunta a los propietarios, a los invitados, al personal.

A primera vista, nadie se ha dado cuenta de nada. El comisario averigua que la víctima comenzó a sentirse mal durante la comida y que todo el mundo, comprendido el doctor Domínguez que le examinó, pensó en un ataque al hígado. Pedro, efectivamente, había comido mucho y sobre todo había bebido mucho.

—¿Cómo eran sus relaciones con la víctima? —pregunta a Amaya y a Alberto el comisario.

—Era mi primo —responde Amaya—, acababa de regresar de Canadá. Hacía diez años que no nos veíamos...

—¿Se llevaban bien?

—Sí... en algunos aspectos —dice Alberto.

—¿Qué quiere decir con «en algunos aspectos»?

—Digamos que fuimos socios durante varios años. Y un buen día, Pedro lo dejó todo para marcharse a Canadá. Así, sin advertirnos. De manera que tuvimos muchos problemas...

—¿Problemas financieros?

—Sí, eso es.

—Y, ¿hoy?

—Hoy lo hemos solucionado —concluye Alberto.

—¿Han sido víctimas de un robo la semana pasada?

—Sí, pero ¿cuál es la relación con la muerte de mi primo? —pregunta Amaya.

—No lo sé... pero cuando se llama a la policía dos veces seguidas desde la misma casa, con pocos días de intervalo, raramente se trata de una coincidencia. Decía usted que habían solucionado los problemas, ¿verdad?

—Así es, pero ¿por qué esta pregunta?

—Porque corre el rumor de que esta propiedad está en venta...

—¿En venta? —pregunta Alberto sorprendido.

—El señor Sánchez de la compañía de seguros lo ha dicho. A propósito hemos arrestado a un hombre que conducía en estado ebrio... Hemos encontrado objetos de plata en el maletero de su coche.

—¡Objetos de plata! —exclama Amaya—. Pero...

—Al parecer, ¡este señor no sabía que llevaba el maletero lleno! —dice el comisario riéndose—. No se preocupe, señora, comprobaremos si se trata de sus objetos.

Después le toca ser interrogado a Felipe Hernández. Afirma haber sido socio de Pedro diez años antes y confirma todo lo que ha dicho Alberto.

Pablo y Sofía afirman no haber visto nunca anteriormente a Pedro. Amaya les había hablado de él, pero no le conocían.

—Le conocimos ayer, ¿verdad cariño? —dice Pablo dirigiéndose a su mujer.

—Desde luego...

—¡No he necesitado mucho tiempo para comprender que se trata de un alcohólico y de un mujeriego! —añade Pablo.

—Usted es médico, ¿verdad? —le pregunta el comisario.

—Soy especialista en dietética, sí. Examiné al señor Baena ayer por la tarde y le di una pastilla contra las náuseas. No creía que fuese tan grave, ¡desde luego!

Por fin el comisario interroga a Guillermo. Este último le cuenta que llegó por la tarde y que, en ese momento, Pedro estaba acostado, así que no le vio.

—¿Quién ha entrado en la habitación de la víctima aparte del doctor? —pregunta el comisario.

—Yo, por supuesto, fui varias veces —dice Amaya—, y Nerea, esta mañana...

—Es ella la que le ha encontrado inconsciente, ¿verdad?

—Sí —interviene Alberto—. ¿Acaso le teníamos que haber dejado solo? ¿Adónde quiere ir a parar con todas esas preguntas? ¿Por qué piensa usted que Pedro no ha muerto de muerte natural?

—Cálmate Alberto —dice Amaya—. Verás como todo se arregla...

El teléfono móvil del comisario interrumpe el interrogatorio.

—Sanchís, escucho. De acuerdo. ¿Acaba de llegar? Bueno, hágale esperar, ahora llego.

El comisario apaga el aparato, y a continuación se dirige a todo el mundo:

—Les rogaría que no salgan de la casa. Un agente de policía vigilará la habitación del señor Baena. Tengo que ir a la comisaría.

Durante el trayecto Sanchís pone en orden sus ideas. El robo de la semana anterior ya le pareció extraño: el asegurador vino a comisaría para decirle que quizá se trataba de una simulación. Y los propietarios tienen probablemente dificultades financieras... Podrían efectivamente haber simulado un robo para recibir dinero del seguro.

«La detención de este hombre con la plata en su maletero resolvería el asunto sin duda» se dice el comisario. «Pero queda la muerte del primo... ¿están relacionados los dos asuntos?».

Después de leer

Comprensión lectora

1 Marca con una **X** las frases que corresponden a la historia.

1 a ☐ Pedro ha llamado a varios números durante la noche.

  b ☐ Pedro ha recibido varias llamadas del mismo número.

2 a ☐ Según el médico forense, la víctima murió de una ataque al corazón.

  b ☐ El médico forense piensa que la víctima ha sido asesinada.

3 a ☐ Alberto confiesa al comisario que tiene problemas financieros en este momento.

  b ☐ Alberto se queda sorprendido al saber que *El lirio de los valles* está en venta.

4 a ☐ Según el comisario, el robo y la muerte de Pedro están relacionados.

  b ☐ El comisario piensa que el robo no tiene ninguna relación con la muerte de Pedro Baena.

5 a ☐ El comisario afirma que la plata encontrada en el maletero de un coche pertenece a Amaya.

  b ☐ El comisario informa a Alberto y Amaya que la policía acaba de arrestar a un hombre en estado de embriaguez.

6 a ☐ Pablo dice que conoce muy bien a Pedro.

  b ☐ Pablo afirma no haber visto nunca a Pedro.

7 a ☐ Amaya encuentra a su primo inconsciente.

  b ☐ Nerea es quien encuentra inconsciente a Pedro.

8 a ☐ El comisario hace vigilar la habitación de Pedro.

  b ☐ El comisario pide a los invitados que abandonen la casa rápidamente.

2 Responde a las preguntas.

1 ¿A quién telefonea el comisario?

2 ¿Por qué todo el mundo piensa en un ataque hepático cuando Pedro se encuentra mal?

3 ¿Qué comenta Felipe Hernández a propósito de Pedro?

4 ¿Cuál es la opinión de Pablo a propósito de Pedro?

5 ¿Qué cuenta Guillermo al comisario?

6 ¿Por qué el comisario se marcha de la casa?

El pasado reciente

El pasado reciente expresa una acción que ha sucedido hace muy poco tiempo en referencia al momento en que se habla, esta acción acaba (o acababa) de producirse.

Se forma con **acabar de** + el infinitivo del verbo.

Acababa de regresar del Canadá.

Gramática

3 Transforma las frases siguientes utilizando el pasado reciente.

1 Hace cinco minutos que ha llegado.

....

2 Esta filial ha sido abierta recientemente.

....

3 La he conocido hace un momento.

....

4 El accidente se había producido poco tiempo antes.

....

5 Se habían casado la víspera.

....

6 El tren hace dos minutos que se marchó.

....

4 Responde a las preguntas empleando el pasado reciente.

1   ¿Has llamado a tus padres?

Sí, ...

2   ¿El comisario se ha marchado?

Sí, ...

3   ¿Habéis visto a mi prima?

Sí, ...

4   ¿Han recibido mi carta?

Sí, ...

5   ¿Has cogido el correo?

Sí, ...

6   ¿Ha llegado Carmen?

Sí, ...

Léxico

5 Encuentra el significado de las expresiones siguientes, marca con una X la opción correcta.

1   En pocas palabras.

a ☐ Rápidamente   b ☐ Lentamente.

2   Tener un socio, es tener

a ☐ un partícipe.   b ☐ un competidor.

3   Estar en estado ebrio es, estar

a ☐ borracho.   b ☐ sereno.

4   Ser un mujeriego, es ser

a ☐ seductor.   b ☐ casto.

5   No entenderse con alguien, es

a ☐ ser sordo.   b ☐ no tener buenas relaciones con él.

6 Asocia a cada paciente el tipo de médico que debe consultar.

> un traumatólogo   un dietista   un veterinario
> un oculista   un pediatra   un médico de cabecera

1   Guillermo tiene 4 años. Hoy tiene fiebre. ....

2   El padre de Guillermo tampoco se encuentra bien. Le duele la garganta y tose. ....

3   Félix es un bonito gato siamés. Tiene tres meses. Hay que vacunarlo. ....

4   Marta ha perdido vista. Ya no puede conducir de noche. ....

5   Pablo se ha caído esquiando. Se ha roto una pierna. ....

6   Lola quiere perder kilos, pero sola no lo consigue. ....

DELE **7** En cada una de estas frases hay en letra negrita una palabra que no es adecuada. Sustitúyela por alguna de las palabras siguientes.

a   habla   c   la víctima   e   rumor
b   precipitadas   d   socios   f   alcohólico

1   ☐   Corre el **murmullo** de que esta propiedad está en venta.

2   ☐   **El asesino** hace unas dos horas que murió.

3   ☐   El comisario Sanchís **debate** con el médico.

4   ☐   No quiere sacar conclusiones **atropelladas**.

5   ☐   Fuimos **conocidos** durante varios años.

6   ☐   Se trata de un **bebido** y de un mujeriego.

Expresión escrita y oral

8 Escribe una carta a un/a amigo/a para contarle que acabas de ganar un premio: un fin de semana en la ciudad europea que tú elijas. Cuéntale qué ciudad has elegido y por qué.

9 Sabes que un amigo no sabe nada de una chica que le gusta mucho. Encuentras a la chica por casualidad en la calle y precisamente, ¡te pregunta por él! Telefonéale para contarle lo que te acaba de suceder.

CAPÍTULO 8

Un amigo de la infancia

Cuando el comisario Sanchís llega a la comisaría, un hombre le espera en su despacho.

—Buenos días, señor. ¿Su nombre por favor?

—Me llamo Santiago Tamarit.

—¿Y cuál es su profesión señor Tamarit?

—Poseo una sociedad de importación-exportación. Trabajo sobre todo con Canadá.

—¿Con Canadá? ¿Así conoció al señor Baena?

—No, nosotros nos conocemos desde la infancia. Él trabajó para mí cuando se instaló en Canadá durante unos meses únicamente, pero siempre estuvimos en contacto. Sólo que últimamente, con su divorcio, sus llamadas se distanciaron... No le había visto desde su regreso a España y ahora me entero de que ha muerto.

—¿Por qué le llamó? Si se iba a morir, debería haber llamado a urgencias, ¿no cree?

—¡No sé nada! Quizá se equivocó de número.

—Supongamos... ¿y qué le dijo exactamente?

—Parecía confuso, le costaba hablar. No entendí nada. Solamente entendí la palabra «veneno» y creo que pronunció la palabra «morir» también. Pero...

75

—¿Y usted qué le dijo?

—Le dije quien era y que no comprendía nada de lo que decía. Pero no parecía entenderme. Creo que deliraba. Después, cuando estaba en medio de una frase, colgó.

—Digamos más bien, que se desmayó señor Tamarit. ¿Puede usted repetirme su número de teléfono?

—Claro que sí, es el 62 64 05 955.

—Bueno, le pido que permanezca a nuestra disposición y que no se marche durante unos días. Si recuerda algún detalle póngase en contacto conmigo inmediatamente.

—Comprendido, ¿me puedo ir? Tengo una cita importante dentro de media hora.

—Por supuesto. Le llamaré por teléfono si es necesario.

Después del interrogatorio, el comisario recapacita. Debe encontrar la solución del crimen... ¿El crimen? ¿Y si se tratase de un simple infarto?

La llegada de un policía interrumpe sus pensamientos.

—Comisario, acabo de recibir un fax con las llamadas detalladas que la víctima hizo y recibió la víspera y el día de su muerte.

—Gracias, Tomás. Veamos. La víspera de su muerte, la víctima no llamó. Llamó una única vez a Tamarit a las cuatro y cinco. La primera llamada de Tamarit tuvo lugar diez minutos más tarde. Ha dicho la verdad. ¿Pero por qué llamó Pedro Baena a Tamarit? Sobre todo si sabía que se iba a morir... Por fuerza se equivocó de número. Y esta historia del veneno... ¿Quién tenía interés en envenenarle?

Unos minutos más tarde, el comisario recibe los resultados de las pruebas toxicológicas: la muerte ha sido causada por envenenamiento. Cuando ve el tipo de veneno que ha sido utilizado,

el comisario no sale de su asombro... Sin la llamada de Tamarit, nadie habría sospechado que podría tratarse de un crimen.

«Pero ¿por qué asesinar a Pedro Baena?» se pregunta el comisario. «¿La herencia? Según los primeros resultados de la investigación, la víctima no dejaba ni bienes ni dinero. Pedro Baena había hecho malas inversiones en bolsa que le habían hecho perder sus ahorros y la mayoría de los bienes que había heredado... Al menos es lo que su ex mujer acababa de declarar a la policía canadiense. ¿Un crimen pasional? ¿Quién sabe?...»

—Comisario —interviene Tomás—, acabamos de saber que la plata encontrada en el maletero pertenece a la señora Salvatierra.

—¿Quién conducía el coche?

—Carlos Gómez... ¡el técnico que instaló la alarma en casa de los Salvatierra! Lo ha confesado todo. Fue él quien robó en la casa. Pero eso no es todo... mantiene una relación sentimental desde hace años con la señora Salvatierra. Fue ella quien le pidió dar el golpe. Al menos es lo que él dice. Ella tenía muchas deudas y si él aceptaba ser su cómplice le daría dinero a cambio.

—¿Y su marido? —pregunta el comisario.

—Al parecer no está al corriente...

—Muy bien, algunas comprobaciones más y ¡asunto resuelto!

Después de leer

Comprensión lectora

1 Pon las frases en el orden cronológico de la historia de 1 a 8.

a [5] El comisario recibe los resultados de las pruebas toxicológicas.

b [7] Informan al comisario de que Gómez, el técnico, es quien conducía el coche.

c [1] El comisario interroga al señor Tamarit.

d [8] El comisario descubre que quien ha robado en casa de Alberto y Amaya es Gómez.

e [4] Un agente envía un fax al comisario con todas las llamadas efectuadas y recibidas por la víctima.

f [2] Tamarit afirma no comprender la razón por la que Pedro Baena le ha llamado.

g [6] El comisario se entera de que la plata encontrada en el maletero de Gómez pertenece a Amaya Salvatierra.

h [3] El comisario ordena al señor Tamarit permanecer a disposición de la policía.

2 Marca con una ✗ la respuesta correcta.

1 El señor Tamarit
   a ☐ vive en Canadá.   b ☒ trabaja con Canadá.

2 Conocía a Pedro desde
   a ☐ hace meses.   b ☒ la infancia.

3 Después de su divorcio Pedro Baena le telefoneaba
   a ☐ casi todos los días.   b ☒ menos a menudo.

4 Al teléfono, el señor Tamarit oyó la palabra
   a ☒ veneno.   b ☐ muerte.

5 El tipo de veneno utilizado
   a ☒ asombra a Sanchís.   b ☐ enerva a Sanchís.

6 Pedro Baena

a ☒ deja una herencia importante.

b ☐ no deja ninguna herencia.

7 Gómez y Amaya son

a ☐ amigos y cómplices.

b ☒ amantes y cómplices.

La voz pasiva

La voz pasiva es una variante en el modo de expresar la acción. El objeto de la voz activa se convierte en el sujeto en la pasiva. El sujeto de la activa se conecta en la pasiva por medio de la preposición **por**.

El envenenamiento ha causado la muerte.

*La muerte ha sido causada **por** envenenamiento.*

Se utiliza la preposición **de** con **acompañado, precedido, rodeado, seguido.**

*Hemos encontrado al ladrón **acompañado de** su cómplice.*

Gramática

3 **Transforma en voz pasiva las frases siguientes.**

1 La policía ha encontrado la plata en el maletero.

La plata había sido encontrada por la policía en el maletero.

2 El comisario recibe los resultados.

Los resultados fueron recibido por el comisario

3 La llegada de un policía interrumpe sus pensamientos.

Sus pensamientos fueron interrumpidos por la llegada de un policía

4 La policía persigue al ladrón.

Al ladrón fue perseguido por la policía

5 El médico ha llamado a la policía.

La policía ha sido llamada por el médico

6 El técnico instala la alarma.

La alarma fue instalada por el tecnico

Léxico

4 Asocia cada palabra o expresión a su significado.

1 [c] la mayoría   a hacer una llamada telefónica ③

2 [e] no sale de su asombro   b no lo sabe 4

3 [a] telefonear   c la mayor parte ①

4 [b] no está al corriente   d una inversión ⑥

5 [f] un homicidio   e no se lo cree 2

6 [d] una operación en bolsa   f un asesinato 5

5 Crucigrama.

Horizontales

1 Delito grave castigado por la ley.   crimen

2 La víctima puede .... a causa de las heridas.

3 Fórmula de saludo en la Antigua Roma.

4 Oficina del comisario.

5 Detener a alguien.

Verticales

1 El que tiene poder para ejecutar una orden.

2 Causa, motivo del crimen.

3 El nombre de la criada de Amaya.

4 Negación.

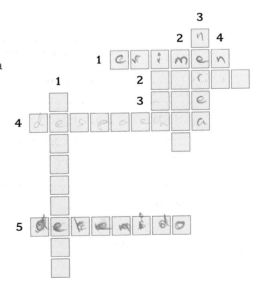

CAPÍTULO 9

El lirio de los valles

trouble comes in 3's

No hay dos sin tres. Un poco más tarde Tomás le trae una carta al  comisario. Se trata de una carta anónima, pero el mensaje es muy claro:

know
each other
pretendia not to
«Sofía y la víctima fueron amantes en el pasado, fingieron no conocerse para evitar problemas... Pablo estaba al corriente y *was aware* estaba *mad* loco de celos... No busquéis más al culpable, lo habéis *jealous don't look* encontrado.»
-ve imperative   imperative
you (formal)

Al día siguiente el comisario interroga a Carlos Gómez a *about* propósito del robo. Este último confirma su primera versión. *the latter* Después, el comisario comprueba el patrimonio de Amaya *checked   assets* Salvatierra: ¡está arruinada! No solamente se ha gastado todo su *ruined* *spent* capital, sino que ha pedido prestado grandes sumas de dinero a *but   borrowed* un interés muy elevado. Le ha dado dinero a su hijo, pero sobre *above* todo ha jugado y ha perdido jugando en bolsa. Y ahora no *all   played   playing   stocks   cant* consigue devolver el dinero... Ha puesto la casa en venta en una *get back* inmobiliaria de Madrid, sin que su marido esté al corriente. *of which   wasn't aware*

«Esta vez ¡el asunto está bien resuelto!» piensa el comisario. *affair*

Pero antes de arrestar a la señora Salvatierra por complicidad en robo, debe resolver también el asunto del asesinato. Su olfato *smell (gut)* le dice que la carta anónima es una pista falsa. La entrega para que la analicen.

—¡Comisario! ¡Comisario! ¡No busque más! ¡Hemos encontrado al culpable! —grita Tomás desde el pasillo.

—¿Cómo es que habéis encontrado al culpable?

—Pues sí, hemos analizado el teléfono móvil de la victima para comprobar las huellas y no me va a creer nunca...

—¿Están las del asesino?

—No... de hecho, la víctima grabó su conversación con el asesino... ¡que lo confiesa todo! Sabemos por qué Pedro llamó a Tamarit. Quiso llamar al 112, el pobre, pero ¡presionó demasiado tiempo sobre la tecla 1!

—¿Y entonces qué pasó?

—¡Se trataba de la tecla de llamada abreviada correspondiente al número de Tamarit!

—Bueno, pero ¡seguimos sin averiguar quién es el culpable!

—Estoy en ello comisario....

Diez minutos más tarde el comisario Sanchís se dirige hacia *El lirio de los valles*. Está bastante orgulloso de sí mismo. ¡Dos asuntos resueltos en dos días! ¡Qué golpe tan fantástico a dos meses de la jubilación!

Cuando llega a la casa, todos los sospechosos están allí. Les convoca en el salón y decide hacer durar un poco la intriga. Se dirige en primer lugar a Sofía:

—Usted me había dicho que no conocía a la víctima, ¿verdad?

—Sí... bueno, no antes de este fin de semana —dice enrojeciendo.

—Es extraño, porque aquí tengo una carta anónima que dice que usted lo conocía bien, muy bien incluso...

—¿Pero qué está diciendo? ¡Es falso!

—¡Lo sabía! —interviene Pablo furioso—. ¡He visto su manera de mirarte y de hablarte! Yo...

—¡Eres tú quien lo ha matado! —exclama Sofía.

—¡Claro que no! Estoy celoso, ¡pero no soy un asesino!

—¡Ya basta! —interviene el comisario—. Déjenme continuar...

Entonces se dirige a Amaya.

—¿Es usted quién ha escrito esta carta?

—¡No! ¿Por qué tendría que haber hecho una cosa semejante? Ni tan siquiera sabía que se conocían.

—Para desviar las sospechas, señora...

Todas las miradas se dirigen hacia Amaya, quien desea responder al comisario, pero este continúa:

—A usted le gusta el muguet, ¿verdad?

—¿Cómo dice?

—Hay ramilletes de muguet por todas partes en la casa. Deduzco pues que a usted le encanta esa flor.

—En efecto es mi flor preferida, pero cuál es la relación con...

—Usted también es muy amante de la botánica, ¿me equivoco?

—No comprendo a dónde quiere usted ir a parar, comisario, ¡está usted aburriendo a todo el mundo con sus absurdas preguntas!

—Tiene razón. Permítame pues dar algunas explicaciones a sus amigos. El muguet es una flor espléndida, pero también es... ¡un veneno mortal! Ha podido usted comprobar sus efectos con su primo, el señor Baena: dolores abdominales, náuseas, vértigo... y además la muerte provocada por una parada cardíaca.

—Pero bueno, ¿por qué debería haber matado a mi primo? —exclama Amaya.

—Es usted quien nos lo va a explicar —dice el comisario antes de poner en marcha la grabación.

«—...

—Pero ¿ ppppp... or qué?

—¿Por qué? ¿Pensabas que te iba a perdonar por haber obligado al abuelo a modificar su testamento? ¡Te lo dio todo! ¡Todo! Sus tierras, sus propiedades e incluso El lirio de los valles que amablemente me cediste. Estoy arruinada, Pedro, y ¡no tengo nada más que perder! El dolor de estómago no era más que el principio... te cuesta respirar, ¿verdad? Dentro de unos minutos tu corazón comenzará a latir muy aprisa, cada vez más aprisa y ... ya está... ¡un ataque al corazón!

—Pero ¿ccccómo lo ... has... hecho?

—Muy fácil... el muguet... un poco de agua del florero en tu copa en el aperi...»

El comisario detiene la grabación.

—Creo que es inútil escuchar el final, señora Salvatierra. ¡Fue muy ingenioso por su parte! Pero ¡olvidó una cosa tan insignificante como un teléfono móvil!

Amaya se deja caer en el sillón y a continuación lo confiesa todo.

El comisario se dirige a Alberto y a Guillermo. El dolor y la incomprensión se leen en sus rostros: lo han perdido todo.

El comisario no tiene valor para revelarles que Amaya es también culpable de complicidad en robo y que mantiene una relación sentimental desde hace años con Gómez, el técnico.

«Una cosa detrás de otra —se dice—. De todas formas, lo sabrán pronto.»

Perdido entre sus pensamientos, el comisario no oye a Amaya decir a su marido:

—Dile a Nerea que quite todos los ramilletes de muguet. Ya han cumplido su misión... Han sido útiles, pero ahora... ya no...

Después de leer

Comprensión lectora

1 Marca con una ✗ si las afirmaciones son verdaderas (V) o falsas (F). Justifica tus respuestas.

		V	F
1	El comisario recibe una llamada anónima.	☐	☐
	....		
2	Parece que Pedro y Sofía tienen una relación.	☐	☐
	....		
3	Amaya está arruinada.	☐	☐
	....		
4	Tomás anuncia al comisario que el culpable acaba de ser arrestado.	☐	☐
	....		
5	Las huellas del asesino han sido encontradas sobre el móvil de la victima.	☐	☐
	....		
6	Sofía acusa a su marido de haber matado a Pedro.	☐	☐
	....		
7	El comisario explica que el muguet es la clave del misterio.	☐	☐
	....		
8	El comisario hace escuchar la conversación entre Amaya y Pedro.	☐	☐
	....		
9	Amaya es arrestada por ser cómplice del robo.	☐	☐
	....		
10	El comisario le dice a Alberto que su mujer tiene una relación sentimental.	☐	☐
	....		

2 Vuelve a leer el capítulo y escribe quién hace o ha hecho cada acción.

1 Ha grabado la conversación con Amaya. ....

2 Ha puesto la casa en venta. ....

3 Se ha equivocado de número. ....

4 Interroga a Gómez. ....

5 Ha escrito una carta anónima. ....

6 Ha resuelto dos asuntos en dos días. ....

7 Ha invertido en Bolsa. ....

8 Trae una carta al comisario. ....

Comprensión auditiva

11 **3** Escucha la grabación del capítulo 9 y marca con una ✗ las frases que corresponden a la historia.

1 La conversación tiene lugar entre Amaya y
  a ☐ Pedro.   b ☐ Alberto.

2 El veneno provocará un ataque al
  a ☐ hígado.   b ☐ corazón.

3 La víctima pidió cambiar el testamento
  a ☐ a su abuela.   b ☐ a su abuelo.

4 Amaya acusa a su primo ser responsable de
  a ☐ su divorcio.   b ☐ su ruina.

5 Amaya ha puesto el veneno en
  a ☐ la infusión de su primo. b ☐ el aperitivo de su primo.

6 El tipo de veneno utilizado es de origen
  a ☐ natural.   b ☐ químico.

Los pronombres relativos

Estos pronombres sustituyen a un nombre que ha aparecido anteriormente, al cual se le denomina antecedente.

Se diferencian del resto de los pronombres por su capacidad de introducir oraciones. Funcionan como enlace o nexo entre la proposición principal y la subordinada.

El comisario interroga a un hombre. **Este hombre** *conoce a la víctima.*

El comisario interroga a un hombre **que** *conoce a la víctima.*

El pronombre **cuyo, -a, -os, -as** funciona a la vez como **pronombre relativo** y como **adjetivo posesivo**. Se emplea tanto para personas como para cosas. Concuerda en género y número con la cosa poseída y no con el poseedor.

El muguet es una planta **cuyas** *flores perfuman mucho.*

Gramática

4 **Completa las frases siguientes con un pronombre relativo adecuado.**

1 Las personas .... estaban en la casa tienen una coartada.

2 El pueblo, ... nombre es de origen vasco, se encuentra en Navarra.

3 Es un asunto .... ha trascendido por todo el pueblo.

4 El comisario Sanchís tiene un ayudante .... se llama Tomás.

5 El comisario .... lleva el caso se llama Sanchís.

6 Los vascos son un pueblo .... origen se remonta a la antigüedad.

7 La señora Salvatierra, ... es muy ingeniosa, olvidó un detalle insignificante.

8 El muguet .... es una flor espléndida, tiene un veneno mortal.

Léxico

5 Asocia cada flor a la foto correspondiente.

a una margarita	**d** una dalia	**g** una camelia
b una rosa	**e** una malva	**h** un lirio
c una mimosa	**f** un ciclamen	**i** un tulipán

Expresión escrita

6 Eres periodista de *El Diario de Navarra*. Escribe un artículo para contar *El caso de El lirio de los valles*.

DELE **7** Escribe un e-mail a un/a amigo/a para contarle la última película policíaca que has visto (entre 80 y 100 palabras, 8-10 líneas).

San Fermín, la fiesta más popular de Navarra.

Fiestas, juegos y tradiciones de Navarra

El origen del folclore de la montaña navarra es antiquísimo y similar al de Vascongadas. Las procesiones suelen ir acompañadas de un cortejo de bailarines y cantantes que, tocados con la típica boina [1] y faja roja y vestidos de blanco, realizan sus danzas ancestrales. En la llanura, se baila el típico baile, la **jota**, que tiene un ritmo más rápido que la jota aragonesa. Los navarros son muy aficionados a los concursos de fuerza física, destacando el *aizcolari* (el corte de troncos) y el levantamiento de piedras. Casi todos los pueblos tienen un frontón, para jugar a la pelota, y también está muy extendido el juego de bolos. Sin embargo la fiesta más popular de Navarra, son los **sanfermines** de Pamplona.

Las fiestas de San Fermín de Pamplona se han hecho famosas por los encierros [2], las corridas de toros y por el ambiente festivo de la calle.

1. **boina**: gorra sin visera, redonda y chata, de lana y generalmente de una sola pieza.
2. **encierro**: acto de llevar a los toros a encerrar en el toril.

Un artista callejero vestido de gigante baila por las calles de Pamplona durante San Fermín.

Entre el seis y el veinte de julio, Pamplona celebra estas fiestas, que el escritor americano Ernest Hemingway ha descrito maravillosamente en su obra *Fiesta*. Numerosos visitantes acuden a la ciudad durante esos días para asistir a sus famosas corridas de toros o a participar en los célebres encierros. Los toros que se han de torear por la tarde se sueltan en el corral del Portal de la Rochapea siguiendo el recorrido tradicional hasta la plaza de toros.

Pero para los pamplonicas tienen igual importancia la procesión de San Fermín, los fuegos artificiales, los festivales de danzas, de deporte rural, de pelota a mano, las verbenas repartidas por distintos puntos de la ciudad y, sobre todo, el ambiente mantenido por peñas de mozos, grupos de música, bandas y la banda municipal *La Pamplonesa*.

La pelota vasca

Es el juego por excelencia en sus diferentes modalidades: cesta punta, pala o mano, de manera que prácticamente en todas las poblaciones existe un frontón.

La pelota a mano ya era común en los siglos XV y XVI en España, pero también en otros países como Italia, Francia, Flandes y Alemania.

El paso de los años fue modelando este deporte. En sus inicios, se jugaba uno contra uno o en dos equipos competidores. En España, el juego se mantiene hasta el siglo XVIII, momento en el que comienza a decaer debido a las prohibiciones y limitaciones que las autoridades establecían para su práctica. Por el contrario, en el País Vasco y Navarra, la pelota se consolida y se convierte en toda una expresión cultural bien definida, que tiene en el frontón su principal aportación. La práctica de este deporte significa un entretenimiento, un modo de relacionarse con los pueblos y territorios vecinos, por lo que se llevaba a cabo en las calles, plazas públicas, iglesias o en zonas de punto de encuentro.

A lo largo de la historia, muchos han sido los ejemplos y anécdotas que han evidenciado la importancia y enorme arraigo de este singular deporte. Concretamente, en tiempos del monarca Felipe el Hermoso la práctica de dicho deporte era algo habitual, y a la que el monarca tenía gran afición, al punto de que se cuenta que el mismo perdió la vida por resfriarse después de jugar un partido de pelota.

1 Marca con una ✗ la respuesta correcta.

		V	F
1	El origen del folclore navarro es similar al vasco.	☐	☐
2	Los navarros no llevan boina.	☐	☐
3	La jota también se baila en Aragón.	☐	☐
4	La fiesta más popular de Navarra es San Fermín.	☐	☐
5	En el siglo XV en España no se conocía el juego de pelota vasca.	☐	☐
6	En Francia no se conoce el juego de pelota vasca.	☐	☐

1 Adivina qué personaje se esconde detrás de cada afirmación.

1   Conoce las propiedades de las plantas. ....

2   Detesta a Pedro. ....

3   Está encargada de deshacer las maletas de Amaya y de preparar las habitaciones de los invitados. ....

4   Es el personaje más joven de la historia. ....

5   Es hipocondríaco. ....

6   Es muy charlatana. ....

7   Tiene manías sobre la alimentación. ....

8   Quiere cambiar el código secreto de la alarma. ....

9   Coge a menudo muguet cuando pasea por el bosque. ....

10   Ha tomado fotos de los objetos de plata. ....

11   Su amigo de la infancia acaba de morir. ....

12   Toma zumo de frutas en el aperitivo. ....

13   No se encuentra a gusto durante la fiesta. ....

14   Se conocen desde la escuela primaria. ....

15   Llega tarde a la fiesta. ....

16   Murió de un ataque al corazón. ....

17   Está muy celoso. ....

18   Robó en la casa. ....

19   Dentro de poco estará jubilado. ....

20   Ha vivido en Canadá. ....

21   Les gusta la buena cocina y la naturaleza. ....

22   Investiga un asesinato y un robo. ....

2 Marca con una ✗ la opción correcta.

1   ¿Dónde pasa Amaya la mayor parte del tiempo en invierno?

a ☐   En *El lirio de los valles*   b ☐   En Madrid.

2   ¿Cómo eran las relaciones de Amaya con su abuelo?

a ☐   Ella le adoraba.   b ☐   Ella le detestaba.

3   Amaya ¿se lleva bien con Virginia?

a ☐   No, en absoluto.   b ☐   Sí, muy bien.

4   ¿Quién es la mejor amiga de Amaya?

a ☐   Sofía.   b ☐   Virginia.

5   ¿Por qué se diferencian las habitaciones de *El lirio de los valles*?

a ☐   Por su color.   b ☐   Por sus dimensiones.

6   ¿Qué permite conocerse a los invitados?

a ☐   El aperitivo.   b ☐   La comida.

7   ¿Por qué razón Amaya le trae una infusión de romero a Pedro?

a ☐   Para dormir.   b ☐   Para digerir.

8   ¿Qué medicamento le receta Pablo a Pedro?

a ☐   Una tableta contra las náuseas.   b ☐   Una aspirina.

9   ¿Por qué los invitados tienen dificultades para dormir?

a ☐   Porque llueve.   b ☐   Por el viento.

10   Cuando llega el Samu la víctima

a ☐   está muy grave.   b ☐   acaba de morir.

11   ¿Dónde ha conocido el señor Tamarit a Pedro?

a ☐   En el Canadá.   b ☐   En España.

12   ¿Por qué la victima llamó Tamarit durante la noche?

a ☐   Por error.   b ☐   Para pedir ayuda.

13   ¿Por qué Amaya escribe una carta anónima?

a ☐   Para acusar a Pablo.   b ☐   Para denunciar el asesinato.

3 Escribe bajo cada foto el nombre de la fiesta correspondiente.

1

2

3

4

5

6

4 Asocia cada palabra o grupo de palabras a su definición.

1 ☐ persona deshonesta   **a** desvanecido

2 ☐ atacar   **b** delfín

3 ☐ de repente   **c** lirio de los valles

4 ☐ muguet   **d** estafador

5 ☐ animal o futuro rey   **e** de la noche a la mañana

6 ☐ inconsciente   **f** asaltar